David C Cook, una organización que capacita a la iglesia local alrededor del mundo, para formar discípulos. Visítanos en **www.davidccook.org**. ¡Gracias!

DAVID **C** COOK™

transformando vidas juntos

CARTAS A LA IGLESIA

FRANCIS CHAN

DAVID C COOK™

transformando vidas juntos

CARTAS A LA IGLESIA
Publicado por David C Cook
4050 Lee Vance Drive
Colorado Springs, CO 80918 U.S.A.

Integrity Music Limited, una división de David C Cook.
El logo de la C dentro del círculo es una marca registrada de David C Cook.

ISBN 978-0-8307-7655-9
eISBN 978-0-8307-7656-6

© 2018 Crazy Love Ministries

El equipo: Wendi Lord, Amy Konyndyk, Nick Lee,
Rachael Stevenson, Susan Murdock
Diseño de portada: Jim Elliston
Adaptación al español: Blanca Hernández y M. Hilde-Riffler

Impreso en los Estados Unidos de América
Primera Edición 2018

1 2 3 4 5 6 7 8 9 10

082218

ÍNDICE

RECONOCIMIENTOS

Hay muchas personas que contribuyeron con este libro, y me ayudaron a resolver los temas teológicos, gramaticales y lógicas. Definitivamente fue un trabajo de equipo, como lo son actualmente muchas cosas en mi vida.

Gracias principalmente a los ancianos de la congregación *We Are Church*: Kevin Kim, Kevin Shedden, Justin Clark, Rob Zabala, Sean Brakey y Pria Tritasavit, quienes estuvieron orando constantemente por mí. Me han mostrado lo que es tener intimidad con Cristo, esto me ha ayudado a poner como prioridad lo más importante que hay en la vida.

En especial, gracias al equipo de escritores: Mark Beuving, quien me ayudó una vez más a editar y formular las ideas; Kevin, Karmia y Jeanne por ayudarme a estructurar el libro; Sean por tomarse el tiempo para fortalecer varias de mis ideas; Liz por facilitar mi vida, a pesar de que a veces renuncias. Por último, aunque no por eso menos importante, gracias a Mercy Chan, quien me salvó al final. ¿Quién hubiera pensado que la más peculiar de mis hijas me ayudaría tanto?

Gracias a todos los pastores de la iglesia *We Are Church*: Denys Maslov, Nate Connelly, Joe Pemberton, David Manison, Chaz Meyers, Paul Meyers, Brian Kusunoki, Aaron Robison, Peter Gordon, Marcus Hung, Jon Kurien, Angel Velarde, Marcus Bailey, David Schaeffer, Ryan Takasugi, Isaiah Pekary, Matt Shiraki, Al Cortes, Kevin Lin, Brandon Miller, Felipe Anguiano y Kent McCormick, por amar y pastorear fielmente a todos.

Gracias a Jim Elliston, quien diseñó dos portadas, ya que cambié el título.

Gracias a los voluntarios de medios y mercadotecnia digital, quienes dedicaron infinidad de horas para ayudarnos con este proyecto.

Gracias a David C Cook por ser la editora que me ha apoyado tanto y por ser unos asociados de primera.

Gracias a Paul Chan por hacerse cargo de la oficina, de manera excelente, y brindarme de esta forma suficiente tiempo para escribir.

Gracias a mi maravillosa esposa, Lisa, quien en ningún momento se quejó de mí en estos meses que estuve tan ocupado. A Ellie, Zeke, Claire y Silas por ser niños tan pacientes durante el tiempo que papá estuvo escribiendo.

1

LA PARTIDA

Imagina que te encuentras en una isla desierta y lo único que tienes es una copia de la Biblia. No cuentas con experiencia alguna en el cristianismo, y todo tu conocimiento acerca de la iglesia provendrá de lo que leas en la Biblia. ¿Cómo te imaginarías que funciona una iglesia? Cierra tus ojos por unos minutos, y trata de imaginar la «iglesia».

Ahora, piensa en tu iglesia actual. ¿Se parecen?

¿Puedes aceptar el resultado?

UN POCO DE HISTORIA

Han pasado ocho años desde que dejé *Cornerstone Church* en Simi Valley, California, sin embargo, la gente todavía me pregunta lo mismo: ¿Por qué? ¿Por qué dejaste una iglesia exitosa?, ¿por qué dejaste a todas esas personas que amabas?. ¿Por qué dejaste el país justo cuando parecía que tenías más influencia?, ¿cambiaron tus convicciones?, ¿sigues creyendo?

Fundaste una mega iglesia, comenzaste una escuela, escribiste libros exitosos, tanta gente escuchaba tus transmisiones multimedia y, de pronto lo dejaste todo, y te fuiste a vivir a Asia con toda tu familia. ¡No tiene sentido!

Aunque estoy ansioso por compartirles lo que Dios me ha estado enseñando, considero que será de ayuda la forma en la que Dios me guio en el pasado. Quiero aclarar cualquier confusión, y ofrecer una perspectiva de la razón por la cual escribí este libro.

Primero, comenzaré diciendo que, los años que estuve en Simi Valley fueron magníficos. Literalmente, estoy sonriendo al escribir esto. Fui pastor de *Cornerstone* por más de dieciséis años. Llevo en mi memoria muchos recuerdos, tanto graciosos como significativos. Me acuerdo de tantos rostros, amistades verdaderas, momentos en el Espíritu y períodos de asombro por todo lo que Dios estaba haciendo. Sé que estaré gozando en la eternidad con muchas de las personas que se enamoraron de Jesús durante esos años, y eso no tiene comparación.

LA RAZÓN POR LA CUAL DEJÉ MI MEGA IGLESIA

En 1994, a la edad de veintiséis años, decidí empezar una iglesia. No fue algo que haya tenido planeado, después de todo, llevaba casado menos de un mes. Lisa y yo estábamos pasando por un momento difícil en nuestra iglesia; los diáconos, así como el pastor principal, estaban peleados y, finalmente, destituyeron al pastor. La congregación se encontraba dividida sobre quien tenia la razón, si los diáconos o el pastor. Todos estaban desanimados debido a la división. Los servicios de domingo no eran para nada edificantes y yo sabía que nada de eso le agradaba a Dios. Fue durante ese tiempo que le dije a mi esposa: Tengo una idea alocada, ¿qué tal si comenzamos una iglesia en nuestra casa?

Aún si solamente fuera una docena de personas en la sala, ¿no sería mejor de lo que tenemos ahora? Lisa estuvo de acuerdo, y así fue que comenzamos *Cornerstone Church* en Simi Valley.

Estaba decidido a hacer algo muy diferente a lo que había experimentado. Era mi oportunidad para crear el tipo de iglesia de la cual yo quisiera formar parte. Básicamente, tenía tres metas en mente. La primera: Quería que todos le cantáramos directamente a Dios, y me refiero a cantar de verdad, y no cumplir con el tiempo de alabanza solamente por rutina o incluso por culpa. ¿Alguna vez has sido parte de un grupo de personas que le canten directamente a Dios?, con reverencia y emoción, que canten como si Dios estuviera frente a ellos, escuchándolos. Es una experiencia muy poderosa y quise que fuese una base de nuestra nueva iglesia.

La segunda: Quería que todos pudiéramos escuchar la Palabra de Dios, que no fuéramos como los que se reúnen a escuchar tonterías de auto-ayuda y tampoco que ignoráramos la mitad de la Biblia. Quería que nos adentráramos en las Escrituras, aún en los pasajes que parecen contradecir nuestros deseos y lógica. Quería que la exposición de la verdad de Dios fuera poderosa y que la tomásemos con seriedad. De manera que, comencé a predicar semana a semana, versículo por versículo de la Biblia. Nos propusimos escuchar verdaderamente todo lo que la Palabra de Dios nos estaba diciendo.

La tercera: Quería que todos viviésemos vidas santas. Y es que he visto a muchos cristianos sentados en tantas iglesias a quienes, al parecer, no les interesa hacer lo que la Biblia dice. No concebía asimilar tan trágica ironía. Estas personas regresaban, semana tras semana a escuchar de un libro que les exige que sean «hacedores de la palabra y no solo oidores» (Santiago 1:22), sin embargo, no hacían nada al respecto. Y no que yo fuera perfecto, o esperara que los demás lo fueran, sino que, quería que nuestra iglesia fuera un grupo de personas que se impulsaran unas a otras para actuar, porque de nada sirve enseñar las Escrituras sin esperar que haya un cambio.

Así que, desde el principio, nos desafiamos a actuar conforme a la enseñanza.

Básicamente eso era todo, si tan solo pudiéramos avanzar hacia esas tres metas, sería el hombre más feliz.

¡Me hubiera encantado que todos vieran la manera en la que Dios obró esos primeros días! ¡El proyecto despegó! Por supuesto no todo era perfecto, aun así estábamos muy emocionados. Los visitantes quedaban cautivados con nuestros servicios, así que, la iglesia siguió creciendo. Alquilamos la cafetería de un colegio secundario, y eventualmente, nos mudamos a un lugar que anteriormente funcionaba como licorería, adyacente a un famoso lugar de pizzas. Y, cuando ya no cupimos en ese lugar, pudimos comprar nuestro propio inmueble, y no pasó mucho tiempo para vernos en la necesidad de expandir considerablemente ese edificio. Dios estaba tocando los corazones, el número de personas que se reunía para cantar y escuchar la Palabra de Dios continuó creciendo y tuvimos que añadir más servicios. Teníamos dos servicios los sábados por la noche y tres servicios los domingos por la mañana. Fue entonces que nos dimos cuenta de la necesidad de abrir extensiones en las ciudades cercanas. No lo podíamos creer. Nuestra transmisión multimedia tenía cada vez más suscriptores de todas partes del mundo, mientras que continuábamos derramando nuestro corazón delante de Dios, cantándole con toda convicción.

Nuestros servicios estaban llenos de vida. La congregación se regocijaba cuando les compartía la manera en la que su contribución financiera ayudaba a las personas necesitadas de los países subdesarrollados. Muchas parejas comenzaron a adoptar niños huérfanos. La asistencia a las reuniones, al igual que las ofrendas, crecieron de manera consistente a través de los años. Cada fin de semana celebrábamos bautismos, las vidas estaban siendo transformadas. No había otra iglesia a la que me gustaría pertenecer. Pero, al pasar los años, no pude dejar de sentir que algo seguía faltando. No era cuestión de los miembros de la iglesia, no tenía que ver con el equipo de liderazgo que Dios había traído. Estábamos alcanzando exitosamente nuestros objetivos y teníamos bien implementado el ADN de la iglesia, sin embargo, algo no estaba bien.

Llegó un momento cuando, los diáconos de la iglesia, comenzaron a preguntar si nuestro ideal de éxito era deficiente. ¿Esto era todo lo que la iglesia debería de ser?, ¿cumplíamos con la visión que Dios tuvo cuando creó su iglesia? Empezamos a deliberar si nuestra definición de iglesia coincidía con la definición que Dios tenía de ella. Los diáconos de *Cornerstone* se adentraron en las Escrituras conmigo y desafiaron mi modo de pensar acerca de lo que Jesús quería de la iglesia. Esos hombres de Dios me alentaron y estimularon durante esa temporada, y fue un gozo servir al lado de ellos.

Una de las principales cosas que nos preguntamos en aquel entonces, fue el nivel de amor que teníamos los unos por otros. *Cornerstone* era considerada una iglesia muy cordial, sin embargo, al compararla con la primera iglesia del Nuevo Testamento, se quedaba corta. Jesús dijo que el mundo nos iba a conocer por nuestro amor (Juan 13:35). Como diáconos de la iglesia, pudimos llegar a la penosa conclusión que, cuando los no creyentes llegaban a nuestros servicios, no observaban nada extraordinario en cuanto a la forma de amarnos los unos a otros.

Otro problema que vimos fue, cómo, de alguna manera, todo dependía de una sola persona. Aún al hablar de construir nuevas instalaciones y los gastos que eso generaría, los diáconos se preguntaban qué pasaría con eso si yo, en algún momento, dejara de ser su pastor. ¿Acaso *Cornerstone* se había convertido en una de tantas iglesias, estancada y con un gran edificio vacío? De nuevo, ¡este es un gran problema! No solamente por el desperdicio de dinero, sino porque ninguna iglesia debería depender a tal grado de una sola persona. Nuestro objetivo era que la gente llegara a *Cornerstone* para experimentar al Dios Todopoderoso y el mover del Espíritu Santo, y no para escuchar a Francis Chan.

Debido a que mi liderazgo era tan prominente en la iglesia, también me di cuenta que estaba reteniendo a quienes deberían estar en posiciones de liderazgo. Al animar a miembros de mi equipo y a varios diáconos para que sintieran la libertad de irse. A medida que se independizaban, pude ver cuánto crecieron gracias a la oportunidad que se les dio de ser pastores.

La Biblia nos dice que cada miembro del cuerpo tiene un don necesario para el pleno funcionamiento de la iglesia. Pero cuando vi lo que estaba sucediendo en nuestra iglesia, comprendí que éramos unos pocos quienes estábamos usando nuestros dones, mientras que miles solo venían a ocupar un asiento en el santuario por una hora y media, para después irse a casa. La manera en la que habíamos estructurado la iglesia, estaba impidiendo el crecimiento de las personas, y por ende, todo el cuerpo se estaba debilitando.

Fue una lección de humildad el tener que sentarnos a examinar los mandamientos bíblicos que habíamos ignorado. Decidimos que queríamos traer un cambio a la iglesia. Al momento, no tenía idea lo difícil que sería, y estaba frustrado con la situación en la que estábamos, no tenía claro el camino a seguir. Estaba seguro de que todo debía cambiar, pero no sabía cómo hacerlo. Probablemente algunos de mis mensajes sonaban más a rabietas de un abuelo, que a un pastor amoroso guiando a sus ovejas a lugares de verdes pastos.

Intentamos muchas cosas. Abrimos la oportunidad a los pastores asociados a que predicaran con más frecuencia, y limitamos mis predicaciones. Buscando otorgar mayor responsabilidad a los jóvenes lideres, nos dimos cuenta que se sentían limitados bajo mi liderazgo. Probamos que la gente formara pequeñas iglesias en sus hogares, pero descubrimos que se habían acostumbrado a los beneficios de tener una guardería y a alguien al frente predicando en el servicio, así que, poco a poco, claudicaban. Incluso, en una ocasión me retiré brevemente de la reunión general en Simi Valley, para ayudar a impulsar varias de las reuniones de hogar en la ciudad de Los Ángeles. Parecía que estaban tomando fuerza, sin embargo, me necesitaban de vuelta en Simi. Fue un tiempo difícil, a la iglesia, le reconocí su paciencia para soportar ese tiempo de prueba. La gente comenzó a cansarse y lentamente experimentamos un pequeño éxodo.

CAMBIANDO LAS REGLAS

Un joven de la iglesia lo expuso de una forma inmejorable; dijo que durante ese tiempo él sintió como si las reglas hubieran cambiado súbitamente. Explicó que, por años se le había enseñado que la salvación era gratis y que el significado del evangelio era que él podía tener una relación personal con Jesús. Fue como si alguien le hubiera regalado unos patines para hielo y muy emocionado fue a la pista, aprendió a patinar muy bien y a dar varios saltos. Lo disfrutó por varios años, hasta que, de pronto, se le anunció que en realidad se le habían entregado esos patines porque pertenecía al equipo de hockey sobre hielo, y que deberían estar trabajando juntos para ganar el campeonato, que el propósito nunca fue que patinara solo y aprendiera piruetas y saltos. ¡Qué gran diferencia! Aunque, él no rechazó el cambio, pues no había sustento bíblico para hacerlo, le tomaría un tiempo ajustar sus pensamientos a este nuevo estilo de vida.

En retrospectiva, me doy cuenta que no fui un buen líder. Ansiaba un cambio, pero nunca tuve un buen plan, y ciertamente, no tuve la paciencia para ayudar a la gente a estar abiertos a este gran cambio de paradigma. Terminé causando frustración en varias personas que amaba. Cuando dejé la iglesia, lo hice con una convicción genuina de que era el tiempo correcto, y que la iglesia estaría mejor sin mí.

También existieron otros factores, y, cuando la gente me pregunta por qué me fui, me es difícil darles una explicación especifica. A medida que mi popularidad iba en aumento, mi paz y mi humildad iban disminuyendo.

Acababan de surgir las redes sociales y de pronto me encontraba con gente que no conocía, alabando o maldiciéndome. No sabía muy bien cómo enfrentar la crítica excesiva ni tampoco los halagos. Lo único que quería hacer era huir. Luchaba pensando en la gran cantidad de iglesias en la ciudad que enseñan la Biblia, cuando sabía también que hay muchos lugares del mundo que carecen de una predicación cristiana firme. Me parecía que no se requería mucha fe para continuar haciendo lo que estaba haciendo, y lo que quería era vivir por fe. Tampoco estaba claro en cómo llevar a *Cornerstone* hacia el futuro, pues, sobra decirlo, fue un tiempo muy confuso.

Definitivamente, dejar la iglesia *Cornerstone* no fue una decisión fácil. Mientras atravesaba ese tiempo de lucha, pensando si esa sería la mejor opción, fui a predicar a un evento al cual Lisa me acompañó. Durante nuestro viaje, tuvimos una conversación que me impactó. Hasta ese entonces, el debate acerca si debía quedarme en Simi Valley había sido totalmente interno. Nunca antes habíamos pensado en marcharnos. *Cornerstone* era nuestro bebé, y Simi Valley nuestra casa. Cuando por fin me decidí a preguntarle a mi esposa qué pensaba ella que haríamos por el resto de nuestra vida, me sorprendió su respuesta al expresar que ella sentía que nuestra labor en Simi Valley había concluido, y que era tiempo de un cambio. Fue Lisa quien sugirió trasladarnos a otro país, y esto era exactamente lo que yo estaba considerando.

Quince minutos más tarde recibí una llamada de mi amigo Jeff, quien era uno de los miembros de *Cornerstone*. Me dijo que sintió que Dios quería que me dijera esto: «Ve, no te preocupes por la iglesia, hay otros que se harán cargo de ella» ¡Fue algo tan insólito! No había manera de que mi amigo hubiera escuchado la conversación que acababa de tener con Lisa. Nadie sabía lo que pasaba por mi mente.

A partir de ahí, las cosas empezaron a caer en su lugar y cada vez sentía más paz acerca de la decisión de irme. De hecho, sentíamos con Lisa, si no quedábamos estaríamos desobedeciendo. Terminamos vendiendo nuestra casa en Simi Valley, y, con toda la familia, nos fuimos a un viaje por India, Tailandia y China. Fue una aventura extraordinario que nos unió mucho y nos permitió renovar el enfoque de nuestra misión. Vi a pastores en India con tal audacia y entrega, que habían renunciado a todo por el Señor. Fuimos testigos de la sencillez con la que se vive en las áreas rurales de Tailandia, y el gozo de los hombres y mujeres que servían fielmente, todos los días a las viudas y los huérfanos. En China, vi el evangelio propagarse como un incendio, y a las personas soportando, e incluso regocijándose al sufrir persecución.

Durante ese tiempo, pasamos orando con toda la familia acerca de dónde nos enviaría Dios a vivir. Seriamente consideramos quedarnos en Hong Kong, ya estábamos buscando casa y una buena zona de escuela. Pero un día, fuertemente sentí que el Señor me habló.

Por favor, ten en cuenta que no lo digo a la ligera. Mi trasfondo es extremadamente conservador y solamente confío en lo que está escrito en la Biblia. Aunque en mi teología hay margen para oír directamente la voz de Dios, creo que nunca antes la había escuchado. Me gustaría enfatizar que no estoy seguro si oí directamente la voz del Señor, pero, sentí más paz en obedecer aquello que creí haber escuchado, que en ignorarlo. Verdaderamente creí que Dios me estaba diciendo que regresara a Estados Unidos para empezar nuevas iglesias. Durante el viaje, pude vislumbrar lo que la iglesia podía llegar a ser y el poder con el que puede contar. Sentí que Dios quería que llevara a cabo esa visión. Tuve mucho temor de lo que creía que Dios me estaba diciendo, sentí que él me estaba pidiendo hacer algo para lo cual no tenía ni la inteligencia, ni la habilidad para lograrlo.

Cuando le dije a Lisa y a los niños que Dios quería que regresáramos a los Estados Unidos, sentimos tristeza, porque estábamos tan contentos allá. Nos sentíamos más unidos como familia y mucho más dependientes de Dios, con nuestros ojos puestos en lo eterno. Cuando dejamos los Estados Unidos tuvimos temor, pero al regresar hubo más temor. No queríamos perder el enfoque.

EL VIAJE A CASA

Sin entrar en tantos detalles les diré que terminamos de nuevo en San Francisco, y la razón principal fue porque mi hermano tenía un departamento disponible donde nos podíamos quedar. No tenía un plan definido, lo único que quería hacer era vivir lo más bíblicamente que pudiera. En mis oraciones, le decía al Señor que quería vivir como Cristo, y, al parecer, Jesús supo exactamente a quiénes llamar para que fueran sus discípulos. Así que, pedí que se me otorgara la misma gracia de poder caminar por la ciudad, compartiendo el evangelio y, poco a poco, ir conociendo personas a las cuales él me llame a discipular.

El primer año me hice de unos amigos y, juntos, comenzamos a ministrar a los pobres en una área marginada de San Francisco conocido como *Tenderloin*. Dábamos de comer a los indigentes, e íbamos casa por casa a orar por las personas de bajos recursos. A veces era peligroso, pero me encantaba el hecho de encontrarme viviendo por fe en los Estados Unidos.

Pasé varias dificultades, pero sentí que debía hacerlo. Vimos cómo Dios respondía de manera poderosa las oraciones, a pesar de que no siempre había conversiones verdaderas.

Después de las primeras veces de evangelizar de esta forma, recuerdo preguntarles a mis hijos su opinión, y Rachel, mi hija mayor, sin titubear respondió: «se siente como si fueran los tiempos de la Biblia», entendí perfectamente a lo que se refería. Nos encontramos viviendo en los Estados Unidos, experimentando situaciones vinculadas con los relatos del Nuevo Testamento. Nos sentíamos más dinámicos que nunca antes, en una aventura de fe, y todo esto, en nuestra propia ciudad.

Mientras que el evangelismo diario marchaba muy bien, y disfrutábamos vivir en fe, aún no habíamos establecido una iglesia. Noté que nuestro ministerio tenía esa área de debilidad, y era porque no estaba cimentado en una iglesia firme. Conociendo que este era mi llamado, reunimos a varios de nuestros nuevos amigos y comenzamos una iglesia en nuestra casa. A veinte años de haber fundado *Cornerstone* en la sala de nuestra casa, allí estábamos de nuevo. Mi maravillosa esposa y un grupo de amigos, todos sentados en la sala, pidiéndole a Dios que de este grupo, formara Su iglesia.

Hoy ya hace cinco años que comenzamos con *We Are Church* (Somos Iglesia) y, en esta ocasión, las cosas son tan diferentes. Lisa y yo hemos incrementado nuestro entendimiento de las Escrituras y el diseño de Dios para la iglesia. Dios, en su gracia, nos mostró el buen fruto de mi tiempo en *Cornerstone*, así como también los errores significativos que cometí en el principio. Espero poder ayudar a otros a no caer en los mismos errores.

Me encuentro escribiendo esto durante una de las etapas más felices y llenas de paz en mi vida. No se debe a que esta sea fácil, pues no lo es; la paz viene de conocer a Dios más intensamente. Aunque por años he amado a Jesús, ahora se siente totalmente diferente, el conocerlo y experimentarlo, es ahora mi obsesión. La parte más inusual de esta etapa de mi vida es que, mi intimidad con Dios está directamente relacionada con la conexión que tengo con la iglesia. Esto es extraño para mí porque, por años, cuando me sentía más cerca de Dios, era cuando estaba solo en mi cuarto de oración. Por primera vez en mi vida, me siento más cerca de Dios cuando oro con los miembros de la iglesia, quienes son como mi familia. Es como si pudiera sentir su presencia casi tangible en el cuarto donde estamos orando, y eso me hace querer permanecer en ese lugar junto a ellos, porque mi deseo es estar lo más cerca posible de Jesús. Hace unos días una enseñanza que por lo general termina en una hora, espontáneamente se convirtió en ¡trece horas de oración! Y es que, estábamos disfrutando tanto la presencia de Dios, que nadie deseaba marcharse.

Tal vez un día Dios me llame a otro lugar del mundo, pero por ahora y de manera egoísta lo digo, espero que no, porque no quiero separarme de esta familia. Los amo porque me acercan más a Jesús, y nunca me había sentido más acompañado y seguro de como me siento ahora.

SERIOS PROBLEMAS

Me entristecen las conversaciones que tengo a menudo con otros cristianos. Sus comentarios son más bien quejas contra sus iglesias, y he tenido la oportunidad de hablar con muchos que han optado por retirarse completamente. ¡Esto es un problema muy serio! Espero que no hayas desarrollado una actitud de desentendimiento, porque es algo que nos debería quebrantar el corazón. La iglesia tiene muchos problemas, sin embargo, Jesús se refiere a ella como su cuerpo y su Novia, debemos amar a su Novia y no quejarnos de ella ni abandonarla.

Es cierto que algunos que han abandonado la iglesia, son rebeldes y arrogantes, pero creo que hay otros que lo hicieron porque están confundidos; aman a Jesús pero les resulta difícil ver la conexión entre lo que leen en las Escrituras, y lo que experimentan en la iglesia. No estoy justificando sus acciones, ya que después de todo, la acción de congregarnos con otros creyentes y incentivar a las buenas obras es un mandamiento (Hebreos 10:24-25). Considero que algunas de esas inquietudes tienen fundamentos bíblicos y deben ser atendidas. Incluso, al escribir este libro, espero que los que se encuentran alejados, se sientan animados a regresar, porque las Escrituras me dicen que eres indispensable y el cuerpo no puede funcionar sin ti.

Definitivamente, este es el libro más difícil que he escrito. He tratado de ser consciente de las palabras en

1 Tesalonicenses 5:14. Aquí, Dios nos dice que amonestemos a los rebeldes y alentemos a los que están desanimados. Esto solo es posible si conoces bien a tu gente para determinar lo que necesitan. El problema al escribir un libro dirigido al público en general es que, algunos de ustedes que necesitan un abrazo, se sentirán golpeados; y algunos que necesitan ser golpeados, se sentirán animados. A los amantes de Jesús que hoy se sienten desanimados: oro que este libro les de esperanza para alcanzar lo que aún es posible. A aquellos que consciente o inconscientemente están dañando la iglesia, oro que Dios les de la gracia para arrepentirse. Recientemente caí en cuenta que Jesús escribió siete cartas diferentes a siete distintas iglesias en Apocalipsis 2 y 3. Y aquí estoy yo, tratando de escribirle a miles de iglesias diferentes ¡con un solo libro! Y creo que Jesús sabe más que yo.

Al terminar de escribir este libro, me di cuenta que está presentada como una serie de cartas más que como un libro. Una colección de cartas, todas relacionadas entre sí, pero a su vez independientes. Cada capítulo o carta aborda un problema distinto, el cual tu iglesia puede que tenga, o no, que solucionar. He orado que el Espíritu Santo te ayude a discernir qué cartas, tú y tu iglesia necesitan considerar. Este libro no habla de detalles ocultos que encontré en Levítico; más bien es acerca de los mandamientos obvios que vemos repetirse a través de la Biblia. He tratado de poner mucha atención a las ocasiones en las que Dios parece estar más molesto por las cosas que hace su pueblo. Y es que, muchos quieren cambiar a la iglesia, pero con frecuencia las motivaciones son preferencias personales en lugar de convicciones bíblicas. Yo simplemente estoy tratando de señalar las verdades bíblicas más obvias con respecto al deseo de Dios por Su Novia—verdades las cuales no podemos darnos el lujo de ignorar.

Hay ocasiones en las que Dios aborrece nuestra adoración. Hay iglesias que él quiere cerrar. A menudo deducimos que mientras vayamos a adorar, Dios se siente complacido. Pero la Biblia nos da una historia diferente (Amós 5:21; Isaías 58:1-5; Malaquías 1:6-14; 1 Corintios 11:17-30; Apocalipsis 2:5; 3:15-16).

Desde el principio ha existido la adoración que Dios ama y la adoración que él rechaza. Al examinar el estado actual de la iglesia cristiana, no puedo evitar pensar que Dios está disgustado con algunas iglesias.

Esto no lo expreso a la ligera, no lo digo por lo que yo siento, sino por lo que leo en las Escrituras. Es mi anhelo que leas este libro con tu Biblia abierta a un lado para que puedas comprobar si es que estoy distorsionando las Escrituras, o simplemente exponiendo lo evidente. Esto no es a manera de ataque o debate. Quiero pensar que somos del mismo equipo, juntos buscando alcanzar el modelo de iglesia que a Dios le agrada.

UNA HUMILDE ADVERTENCIA

Hoy en día, las personas están listas para pelear. Muchos viven a la defensiva, esperando que alguien se exprese mal, para atacar. Y es en este ambiente, donde el Señor nos dice que nos esforcemos por mantener la unidad (Efesios 4:3). Es por eso que estoy tratando de escribir con un espíritu de unidad. Tal vez algunas cosas que escribo pueden ser interpretadas como crítica, en realidad estoy tratando de hablar en un espíritu de gracia y unidad. Una de las peores cosas que pudiera suceder es que, las personas iracundas tomen estas palabras y confronten arrogantemente al liderazgo de su iglesia. Pero ya hay demasiada división y orgullo dentro de la iglesia, sin embargo, creo que hay una manera en la que podemos mostrar bondad y gracia hacia los demás sin abandonar nuestras convicciones.

Para aquellos que no son parte del liderazgo en la iglesia, sean conscientes de que estamos en un temporada difícil para dirigir. A lo largo de treinta años he estado en varias posiciones de liderazgo y nunca antes se ha experimentado un tiempo como este.

Las redes sociales validan la opinión de todos, de manera que cualquiera puede hacerla expresarla. Hay muchas voces, pero no muchos seguidores. Las opiniones tajantes son aplaudidas, mientras que la humildad es desechada. Y no estoy diciendo que no se deban hacer cambios en el liderazgo; simplemente estoy haciendo un llamado a la gracia. Imagínate la difícil tarea del entrenador de un equipo en el que los jugadores se niegan a seguir las indicaciones, porque creen que tienen un mejor plan que su entrenador. Pues, bienvenido a la iglesia del siglo XXI. Estemos dispuestos a ejercer la humildad.

Podemos ver una mentalidad tan revitalizante en David cuando era joven. ¿Recuerdas las veces que David se rehusó a lastimar a Saúl? En el libro de 1 Samuel 24 y 26, David ya había sido ungido como el rey legítimo de Israel y, para ese entonces, el rey Saúl era un lunático asesino, ávido de poder. David tuvo dos oportunidades perfectas para derrocar a Saúl y tomar el trono que se le había prometido, aún así, se negó a hacer justicia por su propia mano. «El SEÑOR me guarde de hacer tal cosa contra mi rey, el ungido del SEÑOR, de extender contra él mi mano, porque es el ungido del SEÑOR» (24:6).

¿Por qué nos parece tan extraña esta actitud? Saúl era un líder terrible, quien, deliberadamente se había rebelado contra Dios. Pero, de alguna forma, David tenía un temor santo de dañar a quienes Dios había puesto en autoridad. Hoy en día, si un líder se equivoca, no importa qué tan pequeño e inocente sea su error, somos rápidos para criticarlo. El perdón es escaso y casi inexistente hacia los ministerios. Usamos a la ligera palabras fuertes para vociferar contra el liderazgo. Aclaro, no estoy a favor de los líderes abusivos, ni estoy diciendo que todos los líderes cuentan con la bendición de Dios, lo que estoy pidiendo, es que mostremos humildad y respeto, aún para quienes no lo merezcan. Seamos personas de gracia.

ABRE LA PUERTA

Dios diseñó a la iglesia para ser mucho más de lo que la mayoría de nosotros experimentamos en este continente. Somos muchos los que creemos esto y queremos que cambie. La buena noticia es que Dios anhela este cambio aún más que nosotros. Él no solamente quiere este cambio, sino que ¡lo demanda! Así que, podemos avanzar con confianza, sabiendo que Dios no nos ordenaría hacer algo sin darnos el poder para realizar la tarea.

> *«Yo reprendo y castigo a todos los que amo; sé, pues, celoso, y arrepiéntete. He aquí, yo estoy a la puerta y llamo; si alguno oye mi voz y abre la puerta, entraré a él, y cenaré con él, y él conmigo. Al que venciere, le daré que se siente conmigo en el trono, así como yo he vencido, y me he sentado con mi Padre en su trono».*
>
> Apocalipsis 3:19-21

Luego de reprender severamente a la iglesia de Laodicea por ser tibia, Jesús les pide que simplemente abran la puerta. Antes que te abrumes con todo lo que está mal en la iglesia, recuerda que Dios no pone una carga imposible de llevar sobre tus hombros. Te pide que tengas comunión con él y que te unas a lo que está haciendo. Deberíamos llenarnos de fe y expectativa al recordar lo que Dios hizo en el Mar Rojo y en la tumba vacía. Respira profundamente, arroja a sus pies todo tu estrés, expresa la confusión que sientes al ver la diferencia entre tu iglesia y la iglesia de la cual lees en la Biblia, cuéntale de tu insatisfacción por la falta de poder en tu vida.

EL TIEMPO AVANZA

«Así que tengan cuidado de su manera de vivir. No vivan como necios, sino como sabios, aprovechando al máximo cada momento oportuno, porque los días son malos. Por tanto, no sean insensatos, sino entiendan cuál es la voluntad del Señor».

Efesios 5:15-17

Hace poco que soy abuelo, escribir esto evoca una sensación muy extraña. Entre más viejo me pongo, más consciente estoy de que el final se acerca. Ya no hay tiempo para preocuparme de lo que yo quiero en la iglesia. No hay tiempo para angustiarme por lo que otros están buscando en la iglesia. Pronto estaré frente a él, así que, debo permanecer enfocado en sus deseos. Por lo general cuando hablo en un congreso hay un reloj frente a mí, con una cuenta regresiva diciéndome cuánto tiempo me queda para estar en la plataforma. A veces imagino que ese reloj es una cuenta regresiva de mi vida y pienso que, en cuanto ese cronómetro se acabe, estaré cara a cara con Dios. Hacer eso, me da el valor para decir todo lo que pienso que él quiere que diga en ese momento. Si en verdad estuviera a punto de morir, no me importarían tanto las quejas de la gente, sino que estaría obsesionado con ver el rostro de Dios y buscar su aprobación.

Es exactamente lo que pienso en este instante. Si supiera que moriría justo al terminar de escribir este libro, ¿qué escribiría? Si no me importaran los efectos secundarios, solamente el serle fiel a Dios, ¿qué contendría este libro? Traté de escribirlo desde esa perspectiva.

2

LO SAGRADO

Sinceramente me molesté la primera vez que leí que Dios mató a Uza sólo por haber evitado que cayera el arca del pacto. Uza tocó el arca porque los bueyes que la transportaban, tropezaron (2 Samuel 6). Pareciera un error insignificante sustentado por buenas intenciones. Sí, Dios había prohibido que tocaran el arca, pero, ¿qué debía hacer Uza?, ¿dejar que algo tan sagrado como el arca, cayera?

¿No es desconcertante que, el sacrificio del rey Saúl le haya costado el reino? (1 Samuel 13) Después de todo, ya había esperado al sacerdote Samuel por siete días para que fuera y ofreciera el sacrificio, pero no llegó el día que había prometido. En mi opinión, parece que fue un acto noble el hecho que Saúl ofreciera sacrificio, porque no quería ir a la guerra sin antes agradecer a Dios, y ¿el reino le fue arrebatado por eso?

¿Y qué tal Moisés?, quien no logró entrar a la tierra prometida por golpear la peña, en lugar de hablarle (Números 20), luego de todo lo que pasó Moisés, frustrarse con el pueblo y golpear la roca airado, ¿fue tan grave?

Tenemos también a Ananías y Safira. Ambos cayeron muertos por mentir acerca de la cantidad de dinero que donaron a la iglesia (Hechos 5). ¡Esto está en el Nuevo Testamento!¿quién exagera?

Y para rematar, Pablo les escribió a los corintios que, muchos de ellos estaban enfermos e incluso muertos, por tomar la cena del Señor indignamente (1 Corintios 11:30). Si Pablo no estaba exagerando, entonces, ¿estamos a un paso de la muerte?

A menudo consideramos que, de las situaciones que vemos en las Escrituras, el castigo es demasiado severo para el delito. Pero, ¿por qué pensamos así?

No comprendemos el significado de lo «sagrado». Y es que vivimos en un mundo centrado en el ser humano, entre personas que se consideran a sí mismas como la máxima autoridad. Somos ágiles para decir cosas como: «¡No es justo!» porque creemos que, como seres humanos, meceremos tener ciertos derechos. Sin embargo, no pensamos en los derechos a los que Dios es merecedor, por ser Dios. Incluso en la iglesia, actuamos como si las obras de Dios debieran girar alrededor nuestro. Pero las historias en las Escrituras tienen la finalidad de mostrarnos que existe algo que es mucho más valioso que nuestra existencia y derechos. Hay cosas que le pertenecen a Dios, cosas que son sagradas; su arca del pacto, su mandamiento hacia Moisés, sus ofrendas en el templo, su Espíritu Santo, su santa cena, su sagrada iglesia. En todas las situaciones que mencionamos anteriormente, vemos a personas que se precipitaron ante algo que era sagrado, y pagaron el precio. No deberíamos sorprendernos; más bien, tendríamos que postrarnos en humildad porque todos hemos hecho cosas mucho más irreverentes que las que mencionamos de la Biblia. Agradezcamos a Dios por su misericordia y tengamos un comportamiento más cuidadoso en los asuntos que son sagrados.

PRECIPITÁNDONOS HACIA LO SAGRADO

Vivimos en un mundo donde la gente se precipita, sin mayor cuidado, a cualquier situación. Y es que si no nos apuramos, se nos pasarán las oportunidades y las perderemos. Así que, seguimos frenéticamente el patrón que nos dicta el mundo, e ignoramos el hecho que Dios nos ha llamado a actuar de forma diferente. La productividad no es un pecado, pero, cuando se trata de lo sagrado, Dios nos ordena a proceder con mucha precaución. Otros, quizá vean estas cosas como ordinarias, pero nosotros no podemos, ni debemos hacerlo. Mientras que otros juzgan apresuradamente las obras de Dios y cuestionan sus mandamientos, nosotros debemos ser cuidadosos hasta para pronunciar su nombre. No somos de los que debaten irresponsablemente sus obras, o la falta de ellas; en lugar de ello, oramos: «Santificado sea tu nombre» (Mateo 6:9; Lucas 11:2). Mientras que otros se precipitan en la oración, demandando cosas y vociferando su opinión, nosotros nos acercamos a su trono con reverencia, porque, así como el sumo sacerdote entraba al Lugar Santísimo, de la misma manera debemos tratar la oración; como sagrada.

> *«Cuando fueres a la casa de Dios, guarda tu pie; y acércate más para oír que para ofrecer el sacrificio de los necios; porque no saben que hacen mal. No te des prisa con tu boca, ni tu corazón se apresure a proferir palabra delante de Dios; porque Dios está en el cielo, y tú sobre la tierra; por tanto, sean pocas tus palabras. Porque de la mucha ocupación viene el sueño, y de la multitud de las palabras la voz del necio».*
>
> Eclesiastés 5:1-3

No sé si lo has notado, pero, los jóvenes hablan con tanta prisa que hasta abrevian palabras para poder escribir la máxima cantidad por segundo. Este mundo habla de manera rápida y fuerte, y nos tienta a hablar aún más rápido y a gritar mucho más fuerte para ser escuchados, pero debemos evitar caer en esa tentación. La Biblia es clara: aquellos que hablan mucho, pecan mucho. No deberíamos creer que necesitamos pecar para tener una mayor influencia.

«Por esto, mis amados hermanos, todo hombre sea pronto para oír, tardo para hablar, tardo para airarse».

Santiago 1:19

«En las muchas palabras no falta pecado; mas el que refrena sus labios es prudente».

Proverbios 10:19

Ha sido una lucha escribir este libro porque estoy abordando un tema muy sagrado. Confieso que no siempre he tratado a la iglesia como sagrada. Pasé años de mi vida haciendo «lo que fuera posible» para obtener la atención de la gente. He sido parte de las millones de personas que se apresuran a hablar, sin estar seguro si mi opinión es correcta. Pero, en estos últimos años, he pasado mucho tiempo llorando en la presencia de Dios, confesándole mi arrogancia.

Una parte de mí quiere dejar de hablar acerca de las cosas que son sagradas para Dios. En varias ocasiones quise dejar de escribir este libro. Realmente llegué a pensar en borrarlo en lugar de publicarlo, porque me sentía más seguro al quedarme callado. No solamente me hubiera ahorrado toda la crítica que voy a recibir, sino que además me protegería de hablar erróneamente de Dios. Sin embargo, esta forma de pensar dictamina que, si te quedas callado, nunca pecarás. Y, aunque no pretendo igualarme al profeta del Antiguo Testamento, cuando pienso en las cosas que Dios ha depositado en mi corazón, me encuentro en el mismo dilema que Jeremías. Dios le había dado palabras muy fuertes para transmitirle a su pueblo y, aunque Jeremías deseaba no decirlas, no pudo.

«Pues la palabra del SEÑOR ha venido a ser para
mí oprobio y escarnio cada día. Pero si digo: No le
recordaré ni hablaré más su nombre, esto se convierte
dentro de mí como fuego ardiente encerrado en mis
huesos; hago esfuerzos por contenerlo, y no puedo».

Jeremías 20:8-9

Así que, procedo con cautela y reverencia, porque, tratar a la iglesia sagrada de Dios, demanda de una instrucción cuidadosa y humilde. He aquí está mi mejor esfuerzo.

UN MISTERIO SAGRADO

No hay honor más grande en esta tierra que el pertenecer a la iglesia de Dios.

¿Cuándo fue la última vez que te sentiste asombrado por ser parte del cuerpo de Cristo?, ¿alguna vez te ha dejado maravillado tal privilegio?

«Porque nadie aborreció jamás su propio cuerpo, sino
que lo sustenta y lo cuida. así como también Cristo
a la iglesia; porque somos miembros de su cuerpo».

Efesios 5:29-30

Todo creyente necesita leer detenidamente y contemplar por un buen momento estos versículos, el tiempo suficiente como para quedar pasmado y totalmente boquiabierto. Pablo se refería a todo esto como un profundo misterio. Si lograr tus metas se convierte en tu ídolo, no te quedará tiempo para este misterio. Te precipitarás a leer el siguiente párrafo para poder terminar de leer este libro, en lugar de detenerte a meditar en el milagro que significa que tú, como ser humano, estás unido a un Dios «que habita en luz inaccesible» (1 Timoteo 6:16).

«Grande es este misterio, pero hablo con
referencia a Cristo y a la iglesia».

Efesios 5:32

Detente el tiempo suficiente como para que quedes maravillado.

El sol queda a millones y millones de kilómetros de distancia y no tienes la capacidad de verlo de cerca. Obviamente no puedes tocar el sol y quedar con vida, entonces; ¿cómo es posible que, en este momento te encuentres unido a Aquel que brilla más que el mismo sol? Los mismos ángeles se tienen que cubrir el rostro con sus alas ante su presencia (Isaías 6:2), aún así, tú eres miembro de su cuerpo. ¿Por qué, alguien tan extraordinario escogería cuidarte como a su propio brazo?

Por favor, dime que no seguiste leyendo; por favor, dime que te detuviste aunque sea por un minuto para adorar. ¡No puedes estar tan ocupado como para no poder hacerlo! Pero, no cabe duda de porqué no somos conocidos como los que «se alegran con un gozo indescriptible» (1 Pedro 1:8). Y es debido a que no tomamos el tiempo para meditar en sus misterios.

UNA PEQUEÑA PARTE DEL TEMPLO

Una de mis escenas favoritas en la Biblia es la dedicación del templo, escrita en 2 Crónicas 7. Me hubiera encantado poder estar ahí para verla, imagina vivirla.

> *«Cuando Salomón terminó de orar, descendió fuego*
> *del cielo y consumió el holocausto y los sacrificios,*
> *y la gloria del SEÑOR llenó el templo. Tan lleno*

de su gloria estaba el templo que los sacerdotes no
podían entrar en él. Al ver los israelitas que el fuego
descendía y que la gloria del SEÑOR se posaba
sobre el templo, cayeron de rodillas y, postrándose
rostro en tierra, alabaron al SEÑOR diciendo: «Él
es bueno; su gran amor perdura para siempre»».

2 Crónicas 7:1-4

¿Puedes imaginarte el fuego descendiendo del cielo?
¿Cómo es la gloria de Dios? Imagino mi corazón latiendo
rápidamente, me puedo ver luchando para respirar, evitando a
toda costa desmayarme. Luego, al estar en medio de todo eso,
sentir que me invade una enorme emoción y ganas de adorar
junto a los demás creyentes. El templo era el lugar donde cielo
y la tierra se encontraban, donde los ojos humanos tuvieron
un destello de su gloria.

El Nuevo Testamento describe algo superior. Pero, el hecho
que desee la experiencia narrada en el Antiguo Testamento es
un indicativo de que no aprecio la nueva realidad tanto como
debiera.

«Por tanto, ustedes ya no son extraños ni extranjeros,
sino conciudadanos de los santos y miembros de la
familia de Dios, edificados sobre el fundamento de los
apóstoles y los profetas, siendo Cristo Jesús mismo la
piedra angular. En él todo el edificio, bien armado,

se va levantando para llegar a ser un templo santo
en el Señor. En él también ustedes son edificados
juntamente para ser morada de Dios por su Espíritu».

Efesios 2:19-22

Daría lo que fuera por estar afuera del templo y ver la gloria de Dios descendiendo. Pero tengo algo mejor; ¡literalmente, formo parte del templo! Por alguna razón que aún no entiendo, y gracias a la sangre de Jesús, fui aceptado junto con otros, a ser parte de la morada de Dios. Pedro nos describió como «piedras vivas» (1 Pedro 2:5). Tú eres una piedra de la estructura, la cual, tiene como cimiento a los apóstoles y los profetas, y Jesús mismo es la piedra angular (Efesios 2:20). Cuando Pablo habló de este concepto, utilizó el pronombre plural *ustedes* y el sustantivo singular *templo*. Estamos todos unidos, y juntos formamos la casa de Dios. Soy un trozo de un templo que trasciende tiempo y espacio. Y, porque la estructura es un templo, esto quiere decir que Dios hace de nosotros su casa. A estas alturas de la narración, ¡deberías de estallar de alegría!

No trates de resolver el misterio; contémplalo.

Cuando Pablo le explicaba a los corintios acerca de este misterio, les hizo una advertencia aterradora.

«¿No saben que ustedes son templo de Dios y
que el Espíritu de Dios habita en ustedes? Si
alguno destruye el templo de Dios, él mismo

será destruido por Dios; porque el templo de
Dios es sagrado, y ustedes son ese templo».

1 Corintios 3:16-17

Piensa en la escena de 2 Crónicas 7, cuando el fuego y la gloria de Dios llenaron el templo, ¿pensarías en tomar un mazo y destruir el templo? ¡Claro que no!. Entonces, ¿por qué somos tan rápidos en esparcir chismes, difamar al liderazgo y dividir la iglesia?

Si alguien destruye el templo de Dios, Dios destruirá a esa persona.

¿Por qué Dios es tan severo en este tema? Pablo explica que el templo de Dios es sagrado y, que todos juntos somos ese templo. Así que, piénsalo, ¿quieres seguir haciendo eso?

Seamos cuidadosos con nuestras palabras y acciones, porque estamos tratando con algo sagrado. Escojamos el lado correcto, el de su protección. Tal vez por eso dijo Pablo en Tito 3:10 «Al hombre que cause divisiones, después de la primera y segunda amonestación, deséchalo». No podemos permitir la división porque Dios abomina este pecado. Su templo es demasiado sagrado.

Actualmente, vivimos en una cultura donde acostumbrada a calificar y dar nuestra opinión acerca de todo; ya sea de la pizza que comemos, del conductor de *Uber*, de la película que vimos, de la fotografía de nuestros amigos en sus perfiles de redes sociales; todo está disponible para que lo critiquemos y comparemos. En la iglesia, en lugar de maravillarnos por el extraordinario misterio de ser parte del cuerpo de Cristo, criticamos el liderazgo, la música, los programas y todo lo demás. Señalamos las fallas en el sermón del pastor con la misma convicción con la que criticamos la interpretación del actor de la película que vimos, o la derrota de nuestro equipo preferido. Al hacer esto, ¿no estaremos tomando un mazo y destruyendo el templo?

Recordemos que el templo era el lugar que Dios escogió para habitar en la tierra. Y ahora, ese templo es la iglesia; nosotros somos ese templo. Considera esto: En 2 Crónicas 7, en la dedicación del templo, no fue la única ocasión en la que cayó fuego del cielo sobre el templo; también sucedió en Hechos 2, cuando nació la iglesia. Los discípulos estaban unidos y orando, cuando lenguas de fuego cayeron sobre ellos. Ellos eran el templo y fuego cayó sobre sus cabezas, y ya conoces el resto de la historia.

UN PEDAZO DEL CIELO

Formas parte de algo eterno, algo sagrado. Por medio del sacrificio de Jesús, eres parte de su iglesia, y, gracias a esto, no solamente eres parte del templo sagrado de Dios, sino que también formas parte de la comunidad celestial. ¡Esto es incomparable!

Toma un momento para leer los capítulos 4 y 5 del libro de Apocalipsis. Ahí se nos describe el panorama del cielo. Empieza con una imagen majestuosa de Dios sentado en su trono. Esta escena es intensa y está llena de elementos; los cuatro seres vivientes declarando su santidad, los siete espíritus de Dios ardiendo, una multitud de ángeles alabando a Jesús en alta voz, los veinticuatro ancianos postrados y echando sus coronas delante de él; finalmente, en el versículo 8 del capitulo 5, aparecemos nosotros.

> *«Cuando tomó el libro, los cuatro seres*
> *vivientes y los veinticuatro ancianos se*
> *postraron delante del Cordero; cada uno tenía*
> *un arpa y copas de oro llenas de incienso,*
> *que son las oraciones de los santos».*
>
> Apocalipsis 5:8

¡Ahí estás tú!, ¿lo viste? ¡Esas son tus oraciones, en esa copa de incienso! ¿No es asombroso? ¡Tú y yo somos parte de esta escena tan extraordinaria!

Tal vez te sientas hasta un poco insultado por esto, pensando: *¿Eso es todo?, ¿mi participación es que mis oraciones están mezcladas con las de los demás creyentes en una copa de incienso?* No te preocupes, también se te menciona en el versículo 13, cuando tu voz se une al coro de millares de millares.

«Y oí cuanta criatura hay en el cielo, y en
la tierra, y debajo de la tierra y en el mar,
a todos en la creación, que cantaban: «¡Al
que está sentado en el trono y al Cordero,
sean la alabanza y la honra, la gloria y
el poder, por los siglos de los siglos!»».

Apocalipsis 5:13

Este honor tan tremendo y sublime podría ser insuficiente para aquellos que están acostumbrados a ser dioses de sus propios blogs y cuentas de Twitter. Es algo insignificante para quienes han edificado sus propios altares en Facebook e Instagram, llenándolos con lindas fotografías de sus rostros y cuerpos.

Es ahí donde está el verdadero peligro que debe ser atendido con urgencia.; y es que no comprendemos que el verdadero gozo proviene de hacer exactamente lo opuesto. El gozo viene de estar junto a todos aquellos que Jesús redimió, y deleitarnos en un mar de adoración al formar parte de algo tan sagrado.

El congregarnos con la iglesia debería conducirnos a un terreno santo, estar reunidos con otras personas para adorar a Dios; con la oportunidad de demostrarle tu amor sirviendo a los que te rodean, considerándolos como más importantes. No se trata de ti y eso debería alegrarte, porque esto es algo eterno; es sagrado.

UNA PEQUEÑA PARTE DE UN PLAN ETERNO

¿Te has detenido a meditar en el hecho que formas parte de un plan eterno? Considéralo seriamente. Tu existencia no comenzó al momento de la concepción. Empezaste a existir en la mente de Dios, antes de la fundación del mundo, medita sobre esto. Pocas cosas te harán sentir tan pequeño...o tan grande, como esto.

> *«Dios nos escogió en él antes de la creación del mundo, para que seamos santos y sin mancha delante de él. En amor nos predestinó para ser adoptados como hijos suyos por medio de Jesucristo, según el buen propósito de su voluntad».*
>
> Efesios 1:4-5

Lejos de ser un accidente, tú y yo somos parte de un plan magnífico, el cual comenzó antes que el planeta Tierra, y continuará después de él. Por eso, el auto-menosprecio es tan perverso, como calumniar a la iglesia de Dios. Y es que, al hacerlo, estamos despreciando lo que Dios planeó y creó cuidadosamente. Él nos escogió antes de fundar el mundo, nos conoció antes de formarnos (Jeremías 1:5), y preparó obras para nosotros, aún antes de ser creados (Efesios 2:10). Él ya tenía planes para su iglesia sagrada, y decidió incluirnos en esos planes. Esta declaración debería llenar de profunda paz a nuestra alma angustiada. Entre más pienso en esto, más honrado me siento de haber sido escogido para ser parte del plan eterno de Dios para la iglesia.

Si no te sientes fascinado por estar incluido en la iglesia, te motivará saber que hay seres en el cielo que observan maravillados a la iglesia.

> *«A mí, que soy menos que el más pequeño de todos los santos, me fue dada esta gracia de anunciar entre los gentiles el evangelio de las inescrutables riquezas de Cristo, y de aclarar a todos cuál sea la dispensación del misterio escondido desde los siglos en Dios, que creó todas las cosas; para que la multiforme sabiduría de Dios sea ahora dada a conocer por medio de la iglesia a los principados y potestades en los lugares celestiales».*
>
> Efesios 3:8-10

Analiza lo que se está diciendo aquí. Dios quería mostrarles su sabiduría incomparable a los seres celestiales…así que, ¡creó la iglesia! Pienso que, como su iglesia tenemos la sagrada responsabilidad de funcionar de tal manera, que los principados y potestades en los lugares celestiales puedan maravillarse por la sabiduría de Dios. Ellos deberían ver tal unidad y armonía entre nosotros que demuestre el magnífico plan de Dios.

Dos versículos antes, Pablo explicó que el gran misterio de Dios ahora es revelado a los gentiles que son miembros del mismo cuerpo, al igual que lo eran los judíos, gracias a lo que Jesús hizo en la cruz. ¡Este es el misterio divino que estaba escondido desde los siglos en Dios! La gran revelación que las potestades celestiales estaban esperando ha llegado. Se levanta el telón, y todos se quedan sin aliento al ver que es....la iglesia. ¿Cómo es posible?, ¡No puede ser! ¿Gracias a la cruz, gente de toda lengua y nación se hacen miembros del cuerpo? ¡Impresionante! ¿Dios mismo une a su creación, permitiéndoles ser parte de su cuerpo? ¡Sorprendente! Este fue su plan desde el principio: que llegaría el día, cuando el Dios todopoderoso habitaría en medio de personas de todas las razas, y que ellos estarían completamente unidos, formando un solo templo donde habitara Dios.

¿Ahora puedes ver la importancia de todo esto? Muchos tratan a la iglesia como algo opcional, como si fuera una manera anticuada de conectarse con Dios, y que su uso ya caducó. Prefieren conectarse con Dios a solas y a su manera, sin toda esa gente rara que hace más difíciles las cosas. Podemos sentirnos identificados con lo que algunos sienten acerca de la iglesia, pero, cuando logramos verla desde la perspectiva de Dios, y cuando la apreciamos teniendo en cuenta el diseño de Dios, no podemos evitar quedar asombrados. Y es que, ¿quién sino Dios para trazar un plan tan hermoso y magistral?

No puedo evitar ver nuestra languidez al no darnos cuenta de la belleza del diseño de Dios para la iglesia. Es difícil de entender que, los mismos seres celestiales están impactados por la iglesia de Dios, mientras que hay muchos en la tierra bostezando al pensar en ella. La primera iglesia no necesitaba música dinámica, buenos vídeos, líderes atractivos o iluminación elaborada para sentirse emocionados de ser parte del cuerpo de Dios. El evangelio era más que suficiente para que vivieran en asombro.

¿Acaso no te sientes, aunque sea, un poco avergonzado de necesitar todo ese entretenimiento? Y no es completamente tu culpa, ya que, por décadas, líderes como yo han perdido de vista el poderoso misterio que es innato de la iglesia, en su lugar, acuden a otros métodos para capturar el interés de las personas; y, con toda honestidad lo digo, los hemos entrenado a ustedes para que se hagan adictos a cosas inferiores. Hemos desvalorado algo que es sagrado y por eso, debemos arrepentirnos.

3

EL ORDEN

Imagina que entras a un restaurante y pides un filete de res. Veinte minutos después, regresa el mesero y coloca un plato de pasta delante de ti diciendo que es la mejor pasta que probarás en tu vida. ¿Estarías conforme? No, regresarías el platillo porque eso no fue lo que pediste, ¡ni siquiera se parece a lo que ordenaste!

Siento que eso es lo que hemos hecho con la iglesia. Dios nos dio a conocer su «orden» para la iglesia, nos indicó en la Biblia con toda precisión, lo que deseaba a través de sus mandamientos. Pero, en nuestra arrogancia, hemos creado algo que pensamos que funciona mejor. Y, en lugar de estudiar diligentemente sus mandamientos para cumplir con lo que él nos pide, nos hemos dejado influenciar por muchas otras cosas. Nos interesamos más por lo que queremos, por lo que otros podrían querer y por lo que los demás están haciendo. Tenemos un espíritu como el de Caín; traemos una ofrenda pensando que Dios la aceptará, en lugar de ofrendar lo que ya nos pidió.

MANDAMIENTOS VERSUS EXPECTATIVAS

Hay un ejercicio muy sencillo que me gusta hacer con los líderes de la iglesia. Primero, les pido que escriban una lista de todas las cosas que creen que la gente espera de sus iglesias. Por lo regular, escriben lo más obvio como: un excelente servicio, ministerios bien establecidos para todas las edades, un cierto estilo, volumen y duración de las canciones, un sermón bien predicado, que cuente con facilidades como: un amplio estacionamiento, instalaciones limpias, café, guardería, etc. Luego, les pido que hagan una lista con las cosas que Dios demandó de la iglesia de acuerdo a las Escrituras. Inmediatamente mencionan mandamientos como: «que os améis unos a otros, como yo os he amado» (Juan 15:12), «atender a los huérfanos y a las viudas en sus aflicciones» (Santiago 1:27 NVI), «id y haced discípulos a todas las naciones» (Mateo 28:19), «sobrellevad los unos las cargas de los otros» (Gálatas 6:2), etc. Después les pregunto qué sería lo que molestaría más a sus congregaciones: ¿Que la iglesia no proveyera las cosas de la primer lista, o que la iglesia no obedeciera los mandamientos de la segunda lista?

En el capítulo 12 del evangelio de Lucas, Jesús relató una parábola acerca de un amo quien le había encargado tareas específicas a cada uno de sus siervos. Cuando el amo volvió, esperaba ver las tareas terminadas, pero, cuando vio la negligencia de sus siervos, estos fueron castigados severamente. ¿Cómo podemos ser indiferentes ante una parábola como esta? ¡Sería una locura! Jesús regresará pronto, y espera ver que su iglesia tomó en serio sus mandamientos. Sin embargo, a menudo nos encontramos más preocupados por la manera en la que se comunica el sermón; o si el grupo de jóvenes es relevante, o cómo mejorar la música. Analizando la reacción de los miembros de tu iglesia, ¿qué crees que los incita al cambio?; ¿ver que se están desobedeciendo los mandamientos de Dios?, ¿o darse cuenta que no se están cumpliendo las metas que nosotros mismos hemos impuesto? La respuesta a estas preguntas nos indicará si nuestra iglesia se dedica a complacer a Dios, o a complacer a los hombres; y si es Dios quien dirige nuestra iglesia, o somos nosotros.

En Marcos 7, vemos que Jesús estaba comiendo con sus discípulos cuando los fariseos los reprendieron por no lavarse las manos. Esta era una tradición que todos los judíos practicaban (7:3). Así que, lo tomaron como una grave ofensa, como si a Dios le molestara mucho el hecho de que alguien no se lavara. El verdadero problema era este: Dios nunca le ordenó al pueblo que se lavara antes de comer. No había razón para pensar que a Dios le preocupara tanto ese detalle, especialmente si lo comparamos con todos los mandamientos que sí dio.

Jesús les respondió llamándolos hipócritas, diciéndoles que estaban «enseñando como doctrinas mandamientos de hombres» y, finalmente los acusó de que «invalidaban el mandamiento de Dios para guardar su tradición» (Marcos 7:7-9). ¡Jesús estaba muy enojado!

Dios había dado mandamientos claros en el Antiguo Testamento y esperaba que su pueblo los obedeciera (exactamente 613 ordenanzas). Luego, conforme pasó el tiempo, el pueblo añadió tradiciones que Dios no les había pedido guardar, pero ellos pensaron que era buena idea hacerlo. Por ejemplo, lavarse las manos y los utensilios antes de comer, en realidad es una buena costumbre, y no fue por eso que Jesús llamó hipócritas a los fariseos. Los reprendió fuertemente porque habían creado sus propias tradiciones para obedecer (cosas sin importancia), dando prioridad a estas prácticas insignificantes antes que a los mismos mandamientos que Dios les había dado (los cuales son extremadamente importantes).

Al honrar las tradiciones, los fariseos creían que estaban obedeciendo a Dios, cuando en realidad no era así. Si no tenemos cuidado, seremos culpables del mismo pecado, y producirá el mismo resultado que en aquél entonces: el disgusto divino.

Una gran mayoría nos hemos acostumbrado a tradiciones que, genuinamente creemos fueron ordenadas por Dios. He conocido personas que se enfurecen cuando ven que no hay escuela dominical, pero que son indiferentes al ver que no se celebra la cena del Señor. Unos hacen rabietas por el estilo musical, mientras que les da lo mismo si no se atiende a las viudas y los huérfanos en necesidad. Incluso, algunos se pudieran sorprender al enterarse que los sermones de cuarenta minutos no son un mandamiento, pero que en la Biblia encontramos este mandamiento «ayúdense unos a otros a llevar sus cargas, y así cumplirán la ley de Cristo» (Gálatas 6:2). Y pudiera seguir hablando de cómo todos los que se quejan de la vestimenta, el grupo de jóvenes y el tiempo que dura el servicio, son los mismos que no han compartido de su fe con otros en meses (o incluso años), y no les interesa hacer discípulos a los millones de personas que ni siquiera saben quién es Jesús.

Así que, es imperativo que conozcamos la diferencia entre lo que nosotros queremos, y lo que Dios ordena. Y esto no quiere decir que todos nuestros deseos sean malos, pero deben pasar a segundo plano ante lo que Dios enfatiza.

LO QUE FUNCIONA

He formado parte del liderazgo de la iglesia por treinta años, y he pasado años de mi vida preguntándome: ¿Qué podrá funcionar?, y con esta pregunta me refiero a; ¿qué necesitamos hacer para incrementar la asistencia a las reuniones?, esto en sí no tiene nada de malo. Mi intención siempre fue ver vidas cambiadas y que más personas se interesaran en Cristo. Sin embargo, en mi fervor por ver resultados, ignoré algunos de sus mandamientos. Pero Pablo no hizo lo mismo; si lees Romanos 9:1-3, puedes ver que Pablo estaba más interesado que nosotros, en la salvación de los demás. Aún así, fue cuidadoso de guardar lo que era sagrado.

Pablo evitó usar la retórica humana, y se aseguró que predominara el poder del Espíritu. A diferencia de Pablo, yo me preocupé por hacer cualquier cosa que me ayudara a mantener un auditorio lleno y facilitando a la gente la experiencia que buscaban.

Pablo superó todo esto. Los corintios querían que Pablo predicara con elocuencia, como los oradores a los que estaban acostumbrados a escuchar; pero Pablo se negó (1 Corintios 1:17). Ellos buscaban a un predicador que les hablara con el más alto grado de sabiduría humana, sin embargo, Pablo les dio lo contrario (2:1-2). Pablo limitó sus palabras porque no quiso minimizar el poder de la cruz. Quería que la fe de ellos se basara en el poder del Espíritu. Los corintios querían a una celebridad cristiana a quien elogiar y aplaudir (2 Corintios 11), pero Pablo evitó que la atención se centrara en él; les predicó el mensaje que necesitaban en lugar del que ellos estaban exigiendo.

«Pues Cristo no me envió a bautizar, sino a predicar el evangelio, no con palabras elocuentes, para que no se haga vana la cruz de Cristo».

1 Corintios 1:17

«Así que, hermanos, cuando fui a vosotros para anunciaros el testimonio de Dios, no fui con excelencia de palabras o de sabiduría. Pues me propuse no saber entre vosotros cosa alguna sino a Jesucristo, y a éste crucificado. Y estuve entre vosotros con debilidad, y con mucho temor y temblor; y ni mi palabra ni mi predicación fue con palabras persuasivas de humana sabiduría, sino con demostración del Espíritu y de poder, para que vuestra fe no esté fundada en la sabiduría de los hombres, sino en el poder de Dios».

1 Corintios 2:1-5

Desde que tengo memoria, la asistencia a la iglesia ha ido decreciendo (en comparación al crecimiento total de la población).[1] Así que, no debemos asombrarnos cuando vemos a pastores bien intencionados tratando que la iglesia gane popularidad. Realmente este es un viejo truco que nunca ha funcionado. En el siglo diecinueve, el danés Soren Kierkegaard estaba horrorizado por el estado en el que se encontraba la iglesia, la cual, en su opinión, se había hecho apática e hipócrita. Kierkegaard creía que, el verdadero cristianismo, tiene un alto precio y demanda de mucha humildad. Debido a que el evangelio deja expuestas nuestras fallas y debilidades, declarando que solamente a través en la gracia de Dios podemos encontrar vida, y que al conocer que sólo Jesús salva, nuestra auto-estima se ve amenazada. Pero lo que Kierkegaard vio en la iglesia, fueron: esfuerzos constantes para hacer del cristianismo agradable, más popular, menos ofensivo. Él decía que, si le quitamos lo ofensivo al cristianismo y tratamos de hacer todo más divertido y fácil, «entonces, cierren las iglesias lo antes posible, o conviértanlas en lugares de esparcimiento que permanezcan abiertos todo el día».[2]

¿Suena apropiado para estos días?

Alan Hirsch, fundador de una mega-iglesia en Australia, explica su experiencia: «Si tienes que hacer uso de la mercadotecnia y del anzuelo del entretenimiento para atraer a la gente; entonces, tendrás que seguir usando el mismo incentivo para evitar que se vayan. Atráelos con entretenimiento, y podrás retenerlos de la misma forma. Es difícil mantener este compromiso, por varias razones, al final terminamos siendo nuestros propios verdugos».[3]

Si enfocamos demasiado nuestra atención en lo que la gente quiere, lo único que lograremos es que la cantidad de quejas aumente. Entre más intentas satisfacer sus deseos, más se quejan. En estos tiempos, hay mucha gente que de verdad cree que su descontento ¡es culpa de la iglesia! La mayor parte de la culpa recae en líderes como yo, por haber manejado erróneamente esos problemas.

Si a las 11:00 de la noche, tu hijo de diez años te pide un café porque está cansado, debes decirle que se vaya a dormir. El sueño es la solución adecuada para remediar la fatiga. A menudo damos a la gente lo que quieren, en lugar de lo que necesitan. Debemos enseñar a las personas que el gozo vendrá solamente cuando dejen de exigir atención, y reserven su voz para cuando estén ante el trono de Dios.

«Luego miré, y oí la voz de muchos ángeles que estaban alrededor del trono, de los seres vivientes y de los ancianos. El número de ellos era millares de millares y millones de millones. Cantaban con todas sus fuerzas:
«¡Digno es el Cordero, que ha sido sacrificado, de recibir el poder, la riqueza y la sabiduría, la fortaleza y la honra, la gloria y la alabanza!» Y oí a cuanta criatura hay en el cielo, y en la tierra, y debajo de la tierra y en el mar, a todos en la creación, que cantaban:
«¡Al que está sentado en el trono y al Cordero, sean la alabanza y la honra, la gloria y el poder, por los siglos

de los siglos!» Los cuatro seres vivientes exclamaron:
«¡Amén!», y los ancianos se postraron y adoraron».

Apocalipsis 5:11-14

¿Te imaginas participar en esta escena y sentirte aburrido?, ¿demandas que presten mas atención a tus necesidades? ¡Imposible!, ¡para esto fuimos creados! Lo sagrado nos cautiva, o no. Si lo sagrado no es suficiente, entonces es claro que el Espíritu no ha obrado en las vidas. Si la oveja no oye su voz, que siga caminando; no los llames con tu propia tu voz.

Y es que, a menudo añadimos nuestra propia voz pensando que, si les ofrecemos el servicio perfecto, o les presentamos el evangelio en la envoltura adecuada para que nadie se ofenda, entonces los convenceremos para que se queden. Si ajustamos la adoración al gusto de los adoradores y no al motivo de la misma, me temo que hemos creado iglesias totalmente centradas es si mismas y no en Dios.

No digo esto para condenar o señalar a nadie, porque yo también soy culpable. Cuando veo mi pasado, y las veces que caí preso de esta mentalidad consumista, no creo que mis intenciones fueran malas o que mi amor por Cristo era débil. Puede que Dios diga lo contrario, pero, creo que mi error más grande fue el no haber pensado bien las cosas, o no haber conversado lo suficiente con la *persona* correcta. Quedé atrapado por el consumismo, como todos los demás, y puse demasiada atención a mis deseos personales y de los demás.

Con frecuencia, tomamos decisiones basadas en el nivel de placer que obtendremos. Es así como escogemos nuestra casa, el empleo, el auto, la ropa, la comida y la iglesia. Perseguimos lo que queremos, y en el proceso nos aseguramos de no estar violando ningún mandato bíblico. Básicamente, queremos conocer lo que Dios tolera, y no lo que él desea. Tal vez tenemos miedo de preguntarle qué es lo que a él le place, porque es más cómodo vivir en ignorancia que en desobediencia.

La buena noticia es que, por la gracia de Dios, en la actualidad nos damos cuenta de nuestras fallas y estamos aprendiendo a poner como prioridad los deseos de Dios; estableciendo, como punto de partida, las Escrituras y no el deseo humano o incluso la tradición. Y, en lugar de pensar en nuestros gustos y deseos, ahora nos preguntamos: ¿Qué le agradaría más a Dios?

DEDICADOS A SUS ÓRDENES

El fundamento de la primera iglesia era todo lo que agradaba a Dios. Fue precisamente ese enfoque lo que la hacía atractiva. No es posible leer el libro de los Hechos sin *desear ser parte de esa comunidad*. Lo que hacían era completamente extraordinario. La iglesia era tan atractiva que nada del mundo se le comparaba o podía competir con ella. Era algo que nunca antes se había visto.

«Y se dedicaban continuamente a las enseñanzas de los apóstoles, a la comunión, al partimiento del pan y a la oración. Sobrevino temor a toda persona; y muchos prodigios y señales eran hechas por los apóstoles. Todos los que habían creído estaban juntos y tenían todas las cosas en común; vendían todas sus propiedades y sus bienes y los compartían con todos, según la necesidad de cada uno. Día tras día continuaban unánimes en el templo y partiendo el pan en los hogares, comían juntos con alegría y sencillez de corazón, alabando a Dios y hallando favor con todo el pueblo. Y el Señor añadía cada día al número de ellos los que iban siendo salvos».

Hechos 2:42-47

En este relato de los primeros cristianos no encontramos ninguna intención de crear como por arte de magia una experiencia intensa. No invertían tiempo implementando estrategias que cautivaran a la gente. Después que Jesús se marchó para regresar a su Padre, estos nuevos creyentes se reunían para pedir la dirección de Dios, y que él obrara a través de ellos; «Todos éstos perseveraban unánimes en oración» (Hechos 1:14). Fue en una de estas reuniones que el Espíritu Santo descendió sobre ellos y fue así que nació la iglesia, y «se dedicaban continuamente a las enseñanzas de los apóstoles, a la comunión, al partimiento del pan y a la oración» (2:42).

Ningún movimiento moderno enfocado en el crecimiento de la iglesia, tomará en serio esta estrategia; después de todo, carece de emoción. Ciertamente, esos elementos son básicos, pero, ¿de verdad crees que es posible lograr algo simplemente con las enseñanzas de los apóstoles -la comunión, el partimiento del pan y la oración? Acaso, ¿no hay muchos que han intentado esta estrategia sin tener el resultado asombroso que obtuvo la primera iglesia?. No; en realidad en este pasaje hay una palabra clave que distingue a la primera iglesia de la iglesia moderna: *dedicación*.

En nuestra cultura impaciente, queremos obtener la experiencia del asombro bíblico, pero sin la devoción bíblica. Y es que, nuestra falencia no es tanto el estilo o la estructura, sino la falta de devoción. La temática actual se centra en cómo sacarle el mayor provecho a los servicios dominicales. Si la gente está dispuesta a sacrificar noventa minutos de su tiempo a la semana, ¿lo usaremos para cantar, orar o predicar?, ¿deberíamos reunirnos en grupos pequeños o como un grupo numeroso? Estas son preguntas equivocadas, lo que deberíamos estar preguntando es el por qué los cristianos solamente apartan noventa minutos a la semana (¡cuando mucho!), para lo único importante. De manera que, los líderes trabajan incansablemente para comprimir la oración, la enseñanza, la comunión y la santa cena en un servicio de noventa minutos, porque piensan que es todo el tiempo con el que cuentan.

Es obvio que no podemos forzar la devoción en las personas, aunque tal vez hemos sido nosotros quienes facilitamos esta condición. Al tratar de mantener el interés y la emoción en la gente, hemos creado sustitutos baratos de la devoción.

En lugar de ocuparse en un sin fin de tareas, los primeros seguidores se dedicaban a unas pocas; esa es la enorme diferencia. Pareciera que la iglesia moderna está buscando constantemente qué más hacer. Queremos seguir las últimos estilos para el crecimiento en la iglesia, y pensamos que siempre hay algo más que nos falta por hacer, y que, si agregamos un miembro más al equipo, o si añadimos algo más al programa, nuestra iglesia será saludable. Es un juego de nunca acabar. ¿No estamos cansados de intentar lo mismo?

LAS ENSEÑANZAS DE LOS APÓSTOLES

La primera iglesia se dedicaba a las enseñanzas de los apóstoles. Existe un poder milagroso en las enseñanzas de los apóstoles, lo cual no encontramos en ningún otro escrito (Efesios 2:20; 2 Timoteo 3:16-17). La mayor parte de nuestra vida de cristianos hemos oído que «la palabra de Dios es viva, eficaz y más cortante que una espada de dos filos; y penetra hasta partir el alma y el espíritu, las coyunturas y los tuétanos, y discierne los pensamientos y las intenciones del corazón» (Hebreos 4:12). Conocemos el versículo pero, ¿lo creemos?.

Si realmente creyéramos que la Palabra de Dios tiene tanto poder, ¿qué haríamos? Leeríamos estas palabras creyendo que tienen vida propia. No pondríamos tanto énfasis en los predicadores o en su habilidad para que «las Escrituras cobren vida».

Piensa en una de las películas que hayas visto, donde la adivina pronuncia un encantamiento. Todo se repite exactamente igual, porque el poder del hechizo proviene de las palabras que se pronuncian. Obviamente no estoy tratando de comparar la Palabra de Dios con un libro de hechizos, sino más bien, deberíamos de tratar la Palabra como sagrada y poderosa.

«El Espíritu da vida; la carne no vale para nada. Las palabras que les he hablado son espíritu y son vida».

Juan 6:63

Si estuviera en un parque jugando basquetbol, y LeBron James jugara en mi equipo, buscaría cada oportunidad de pasarle el balón, y luego me dispondría a observar la jugada con asombro. ¿Qué sucedería si pasáramos más tiempo leyendo públicamente la Palabra, alentando a otros a hacer lo mismo? Creo que nos detendríamos a admirar con asombro cómo la Palabra de Dios cumple aquello para lo cual fue enviada.

«Porque como desciende de los cielos la lluvia y la nieve, y no vuelve allá, sino que riega la tierra, y la hace

germinar y producir, y da semilla al que siembra, y pan
al que come, así será mi palabra que sale de mi boca;
no volverá a mí vacía, sino que hará lo que yo quiero,
y será prosperada en aquello para que la envié».

Isaías 55:10-11

A través de los años mis costumbres al predicar, han demostrado que creo que sus palabras están muertas y requieren de mi creatividad para cobrar vida. Pablo dijo: «En tanto que llego, dedícate a la lectura pública de las Escrituras...» (1 Timoteo 4:13). Tal vez si hiciéramos esto con más frecuencia, podríamos producir una nueva generación que sea seguidora a la Palabra de Dios, y menos fanática a los predicadores.

Un amigo reunió a varias personas para tener un tiempo de lectura bíblica en público; leyeron, por turnos, comenzando desde Génesis 1 y terminando, tres días después, en Apocalipsis 22. ¡Leyeron, en voz alta, toda la Biblia en setenta y dos horas! Mi amigo trató de describir lo que sintió cuando se leyeron las últimas palabras: básicamente, no pudo explicarlo. La palabra había hecho algo que excedió todas sus expectativas. En tres días, este grupo de personas se atrevieron a hacer lo que muchos cristianos modernos no se atreverían a hacer en toda su vida.

¿Qué pasaría si nos deshiciéramos de todas las distracciones y nos convirtiéramos en personas que se ocupan en las Escrituras?

Creo firmemente que veríamos tal poder en nuestras iglesias, como nunca antes lo hemos visto.

Hace tan solo unas semanas, en la reunión de nuestra iglesia, leímos en voz alta todo el libro de Apocalipsis. Comencé leyendo Apocalipsis 1:3, «Bienaventurado el que lee y los que oyen las palabras de la profecía y guardan las cosas que están escritas en ella, porque el tiempo está cerca».

¿No te parece interesante que Dios promete bendecir a cualquiera que lea Apocalipsis y aún así, nadie lo hace? Entonces, tomamos turnos para leer cada quien un capítulo, hasta completar los veintidós capítulos. Fue una experiencia muy poderosa. Leer la Palabra de Dios sin tener necesidad de adornarla, nos llevó a un nivel más profundo de adoración pura, mucho mejor que cualquier cosa que yo hubiera podido decir.

Todos hemos visto alguna vez un vídeo de gente de países subdesarrollados lavando su ropa en agua sucia. Puede que eso sea mejor que no lavar la ropa, pero la verdad es que esas prendas no quedan limpias. Así es como pienso que puede llegar a ser mi predicación. Ciertamente, es mejor que no decir nada, pero mis palabras siempre serán sucias en comparación a la pureza de la Palabra de Dios. Su palabra no necesita ser sustentada por el mundo, y es lo único que tiene el poder para limpiarnos. Si de verdad queremos acercarnos a Dios con manos limpias y corazones puros, debemos tener un mayor anhelo por su palabra.

EL PARTIMIENTO DEL PAN

Los primeros discípulos perseveraban en el partimiento del pan, lo cual, en el Nuevo Testamento, se refiere a compartir los alimentos con los cuales celebraban la cena del Señor. Piensa por un momento en lo que esto significaba para ellos. Todos los miembros de la primera iglesia quedaron profundamente impactados por Jesús; su sufrimiento en la cruz, su muerte y resurrección fueron reales para ellos. Eran incomprendidos por los que los rodeaban, así que, los golpeaban y mataban por seguir a Jesús.

Teniendo esto en cuenta, imagínate lo que significaba para ellos el reunirse con personas que compartían la misma misión y creencias. Imagina estar sentado alrededor de una mesa, compartiendo los alimentos con personas que te aman incondicionalmente, y cuyas vidas han sido transformadas de la misma forma que la tuya. Y, al estar ahí sentados, no pueden evitar recordar a aquellos que se sentaban con ustedes, pero que murieron por proclamar su muerte. Varios de los que están a tu alrededor tienen heridas y cicatrices de la persecución. Tomas el pan, lo partes y lo comes, recordando que Jesús entregó su cuerpo para ser partido, para que pudieras encontrar vida en él. Ahora, imagina tomar el vino con los demás creyentes, mientras recuerdas cómo fue derramada su sangre. Lo hizo para que pudieras ser lavado y perdonado de todos tus pecados. ¿Puedes comprender lo poderosa que era esta experiencia para la iglesia cada vez que se reunían?

Si celebrar la cena del Señor ahora nos parece aburrida, tal vez sea porque hemos perdido de vista el valor del sacrificio de Jesús. Cuando la cena del Señor se convierte en una obligación, y no una necesidad vital, debemos examinar seriamente nuestros corazones. Dios quiere que amemos de tal manera la cena del Señor, al punto de sentir que no podemos vivir sin ella. ¿Te has sentido así alguna vez, o has permitido que el cuerpo molido de Jesús y su sangre derramada sean tan solo un concepto teológico para ti?

Dios diseñó la cena del Señor para que fuera un acto de intimidad, a través del cual su cuerpo y su sangre entra a nuestro cuerpo. Ya sea que la tomes como un símbolo, o como si realmente fuera su cuerpo y su sangre, el propósito es el mismo. La cena del Señor no significa solamente tener intimidad con Jesús; también es tener intimidad con los demás creyentes. Recuerda que Jesús, después de haber lavado los pies de los discípulos, les dio el mandamiento que se amaran unos a otros, *así como* él los amó. Después de eso fue cuando les dijo que miraran su cuerpo molido y su sangre para que recordaran cuánto los había amado. Al reflexionar en la cruz y contemplar a las personas a nuestro alrededor; deberíamos preguntarnos: ¿Estoy dispuesto a amar a estas personas de esa manera? Probablemente, para muchos de los que asisten a la iglesia, esto suena como algo imposible, pero es lo que pide

Cristo. Imagina que la iglesia estuviera llena de personas que diariamente fueran a la cruz el uno por el otro, ¡nadie podría ser indiferente ante esa clase de amor! Esto comportamiento es lo que deberían ver las personas del mundo cuando nos observan partiendo el pan juntos. Si la cena del Señor se percibe como un elemento extraño añadido a los servicios de nuestra iglesia, y no como la misma base de su existencia, entonces, no comprendemos la verdadera razón de ser de la iglesia.

LA CONVIVENCIA

Conforme el Espíritu de Dios le iba otorgando más y más poder a la iglesia, ellos se dedicaban a la fraternidad y la comunión. Tenían tal dedicación unos para con los otros que se distinguía la misma presencia de Dios en medio de ellos. Esto no es algo que se deba tomar a la ligera; de hecho, el siguiente capítulo de este libro está dedicado a este concepto. Así que, pongamos pausa al tema de la convivencia y pasemos al siguiente elemento.

LA ORACIÓN

¿Recuerdas cuándo fue la última vez que te reuniste con otros creyentes para orar?, ¿o solamente oras cuando es hora de comer; o en la iglesia, en el tiempo de transición cuando termina el sermón, mientras el grupo de música sube escenario?

¿Consideras que la oración es parte fundamental de tu iglesia? Si la oración no es vital para tu iglesia, entonces tu iglesia no es vital. Puede que esta declaración sea atrevida, pero creo que es totalmente cierta. Si puedes cumplir con la misión de tu iglesia sin orar diaria y apasionadamente, entonces esa misión no es suficiente y tu iglesia es irrelevante.

La primera iglesia se dedicaba a la oración; sabían que no podrían existir sin ella. Si Dios no se manifestaba, ellos no podrían cumplir con la misión que él les había encomendando, así que, constantemente estaban de rodillas.

> *«Después que oraron, el lugar donde estaban reunidos tembló, y todos fueron llenos del Espíritu Santo y hablaban la palabra de Dios con valor».*
>
> Hechos 4:31

En Hechos 4, vemos que, los primeros cristianos acababan de orar por señales, milagros y por valentía. Inmediatamente después, ¡todo el lugar se sacudió y salieron de ahí con valentía! ¿No quisieras, al menos, probar esto?, ¿acaso las «actividades de la iglesia» no suenan aburridas en comparación a esta experiencia? ¿Cómo podemos leer sobre estas experiencias de la primera iglesia y la oración, para conformarnos simplemente con tener servicios dinámicos? Yo creo que muy dentro de ti hay un anhelo de orar intensamente, en compañía de otros que tienen el mismo sentir, y juntos experimentar una respuesta sobrenatural.

UNA MEJOR EXPERIENCIA

Dios le ordena a la iglesia que se dedique a su palabra, a la comunión, al partimiento del pan y a la oración; ¿por qué?, por que Dios desea que su pueblo lo conozca. Él, quien es infinitamente más grande de lo que podamos imaginar, el creador del universo, desea tener intimidad con nosotros. Él nos dio un mapa para poder buscarlo y encontrarlo, pero lo hemos olvidado porque pensamos que tenemos mejores ideas. ¿Te das cuenta de lo absurdo que es esto?

Nuestro trabajo es demostrarle a la gente quién es Dios. Él está presente en su Palabra, en la comunión, al celebrar la cena del Señor y en la oración. Nuestro llamado no es para organizar asambleas, sino para demostrar quién es Dios y observar cómo atrae a las personas a sí mismo. Si la gente no está interesada en él, entonces, ¿qué pensamos que estamos logrando al atraerlas utilizando otros medios? Debemos aceptar que no a todos les interesa Dios, pero necesitamos asegurarnos que realmente es a Dios a quien estamos presentando; de otra manera, corremos el riesgo de que las personas asistan a nuestros servicios porque se han enamorado de nosotros.

LA FIESTA ¡como este ejemplo!

Le pregunté a mi hija que cuántos niños quisieran venir a su fiesta de cumpleaños si sirviéramos únicamente pastel de cumpleaños; nada de juegos o entretenimiento. Los niños podrían venir a pasar tiempo con ella y a traerle regalos para celebrarla, pero no se les ofrecería nada. Lo pensó por un minuto y me dijo: «Tal vez vengan algunos». Luego, le pregunté cuántos asistirían si hacíamos la fiesta en un restaurante con videojuegos y les damos comida, premios y acceso ilimitado a los videojuegos. Ella se rió y me dijo con toda confianza que, de ser así, toda sus amigos asistirían.

Así que, supongamos que reservo el restaurante para la fiesta de cumpleaños y todos los de su escuela llegan a la celebración. Todos se divierten y pasan el mejor tiempo de su vida. Imagina que, durante la fiesta, me acerco a mi hija y le digo: «¡Mira todos los niños que vinieron para estar contigo!» ¿Realmente creería mi hija que todos están ahí porque la aman y quieren pasar el día con ella?, ¿o quizás mi comentario sería más bien un insulto?

¿No es eso lo que hacemos con Dios? Hemos aprendido que podemos llenar los auditorios si traemos al predicador famoso o a la banda correcta. Haz el servicio, o el evento lo suficientemente atractivo y emocionante, y la gente vendrá. Luego decimos: «¡Mira, Dios, cuánta gente vino porque te ama y quiere estar contigo!» ¿De verdad creemos que podemos engañar a Dios? ¿Pensamos que todo eso le agrada a Dios? Si solamente ofreciéramos oración y santa cena Dios sabe cuántos irán porque lo aman, y sabe que serán muy pocos.

Creo que muchos hacemos esto con buenos motivos. Lo único que queremos es que la gente vaya a su fiesta. Pero, basándonos en lo que leemos en las Escrituras, ¿es eso lo que querría Jesús? Si Dios lo hiciera a su manera, ¿le gustaría que las iglesias estuvieran desesperadas por entretener?; o, ¿desearía que él fuera la razón por la cual la gente asiste, aunque esto representara una cantidad menor de personas? Además, ¿estamos seguros que lo que Jesús está buscando son servicios con gran afluencia de personas? Porque el modelo que tenemos ahora de iglesia, parece estar orientado solo a eso. Mike Breen dice: «La mayoría somos expertos en esto asunto de la iglesia. Sin embargo, lo único que le interesa a Jesús son los discípulos; es el número que Jesús cuenta, y no la asistencia en general, el presupuesto o el edificio».[4]

En el libro de Malaquías, el pueblo de Dios se había aburrido de la adoración, y la respuesta de Dios a esto no fue pacífica. Cuando el profeta Malaquías hizo un llamado al pueblo a recobrar la pasión, la devoción y el sacrificio de la verdadera adoración, la respuesta fue: «¡Oh, qué fastidio es esto!» (Malaquías 1:13). No veían a la adoración como un honor, sino como una obligación. Hoy, responderíamos a esa situación diciendo: «¡Mira lo aburridos que están! Hagamos la adoración más emocionante, así, la gente aprovechará mejor el tiempo».

Pero la respuesta de Dios fue muy diferente; estaba tan ofendido, que hubiera preferido que se cerrara el lugar.

«¡Oh, si hubiera entre vosotros quien cerrara las puertas
para que no encendierais mi altar en vano! No me
complazco en vosotros, dice el SEÑOR de los ejércitos, ni
de vuestra mano aceptaré ofrenda. Porque desde la salida
del sol hasta su puesta, mi nombre será grande entre las
naciones, y en todo lugar se ofrecerá incienso a mi nombre,
y ofrenda pura de cereal; pues grande será mi nombre
entre las naciones, dice el SEÑOR de los ejércitos».

Malaquías 1:10-11

¡Detengan todo, cierren las puestas, porque todo esto es un insulto! (ver 2:3).

Hace años, un amigo de la India, me acompañó a predicar a un lugar en Dallas. Cuando escuchó la música y vio las luces me dijo: «Ustedes son graciosos; no asisten a un evento a menos que haya un buen predicador y una buena banda. En India, la gente se emociona solo con orar». Continuó diciéndome cómo en su tierra celebrar la cena del Señor es un motivo de extremado gozo, y las reuniones de oración son muy valoradas y concurridas. Me imaginé a Dios observando la tierra, viendo cómo en un lado, la gente se reúne expectante para orar; mientras que en otro lado del planeta, la gente se digna a asistir solo si habrá personas famosas y talentosas, y si logra la «atmósfera» adecuada. Es algo vergonzoso.

David Platt refuerza esto diciendo: «También me sorprende nuestra dependencia de tener al orador correcto y a los músicos adecuados para poder atraer el mayor número de personas al servicio de adoración. Pero, ¿qué pasaría si la iglesia misma—el pueblo de Dios reunidos en un lugar—fuera la atracción, sin importar quién predique o quien cante ese día? Para muchos de nuestros hermanos y hermanas alrededor del mundo, esto es suficiente».[5]

Así como dijo Dios a través de Malaquías, habrá quienes siempre le adoren de todo corazón. Dios no está desesperado.

Aún así, es su deseo que todos sus hijos experimenten la plenitud de su presencia a través de la iglesia, y nos ha dado su palabra para mostrarnos cómo hacerlo.

Imaginemos a creyentes estremecidos, postrados de rodillas, mudos al comprender lo maravilloso que es hablar con Yahweh. Pensemos en grupos pequeños junto a quienes llegan grandes multitudes con gran expectación simplemente para orar. Es posible, ¡aún en Estados Unidos!

Imaginemos personas visitando casa por casa a compartir el pan y celebrar la cena del Señor. Unos, rompiendo espontáneamente en llanto, otros estallando en adoración, pero nadie indiferente. Unas personas alabando a Dios por su sacrificio, imaginando el dolor del Padre mientras veía fluir la sangre de Cristo. Otras en su asiento, totalmente sin palabras, pasmados por la intimidad del momento al comer su cuerpo y beber su sangre. Mientras otros gritando de alegría al experimentar el lavamiento total de sus pecados más horribles.

Sueña con grupos de personas que tiemblan al escuchar las Escrituras. Gente al borde de su asiento, dándole el honor que merece a cada palabra de Dios, sin importar quién la esté leyendo, porque es la Biblia la que los tiene cautivados. Solo se dan explicaciones cuando se requieren, pero principalmente, la gente esperando escuchar la verdad para poder arrepentirse y adorar.

Imagina a la gente viviendo en comunión verdadera, en perfecta armonía con Dios y con las demás personas. Una visión del Edén, donde Dios y los humanos caminan juntos, con Cristo como centro de todas las relaciones. Imagina a Dios uniendo a las personas sin importar sus diferencias, ahí juntos, maravillados al contemplar a Dios, así como sucede en el cielo.

4

LA PANDILLA

Vivimos en un tiempo en el cual las personas van a un edificio los domingos por la mañana, asisten a un servicio de una hora, y por eso se consideran miembros de la iglesia.

¿Te escandaliza? Por supuesto que no; es totalmente normal, así crecimos. Todos sabemos que los cristianos van a la iglesia.

Pero, ¿has leído el Nuevo Testamento? ¿Encuentras en las Escrituras algo que se parezca, aunque sea un poco, a este patrón que hemos creado? ¿Lees de alguien que «fue» a la iglesia?

Trata de imaginar a Pablo y Pedro hablando como lo hacemos hoy: «Oye, Pedro, ahora a cuál iglesia vas?

Voy a la Iglesia El Río; tienen muy buena música y me encanta su programa de niños.

¡Genial!, ¿puedo ir a tu iglesia el próximo domingo? Es que ya no me está gustando la mía.

¡Claro! Este domingo no voy a ir, porque el pequeño Mateo tiene partido de fútbol. ¿Qué te parece si vas el domingo siguiente?

Me parece bien. Y, ¿tienen grupo para solteros?

Es gracioso pensar que Pablo y Pedro hablaran así. Sin embargo, esa es una conversación normal entre los cristianos de ahora. ¿Por qué? Hay tantas cosas de esta conversación que están mal, que no sé por dónde comenzar. El simple hecho que hayamos reducido el misterio sagrado de la iglesia a un servicio de una hora, es desconcertante. Aunque por mi lado y durante años, así lo manejé. No sabía que estaba equivocado. Es lo que todos hacíamos, así que no se me ocurrió cuestionarlo.

VAMOS A LA PANDILLA

Aquí va una historia. Rob; uno de los diáconos de mi iglesia, pasó la mayor parte de su vida en pandillas. Tuvo un encuentro con Jesús cuando estaba en la prisión. Hoy, es una de las personas más amorosas que conozco. De hecho, no creo conocer a alguien con más amor por Jesús y la gente.

Rob me cuenta historias acerca de su vida con las pandillas y el miedo que sintió al salir de su pandilla para unirse al cuerpo de Cristo. Hacer esto estando en la cárcel es un acto suicida. Rob tuvo que cortar totalmente sus relaciones con la pandilla, y, por si no lo sabias, este tipo de acción no es tolerada en ese ambiente. Pero el Señor intervino para salvar su vida. Y no era solo la tortura física o la muerte a lo que él le temía; sino al rechazo de quienes amaba. Eran amigos muy queridos y leales que lo cuidaban las veinticuatro horas del día. Existía entre ellos un compañerismo y un amor profundo ya que habían pertenecido a la misma pandilla desde la infancia. Ahora, él iba a perder esas relaciones y se enfrentaría al odio de las personas a quienes tanto ama.

La descripción de la vida en las pandillas, se parece mucho a lo que la iglesia debería ser. Obviamente con grandes diferencias (sin las drogas, asesinatos y pequeños detalles como esos), pero la idea de «ser una familia» es el tema central de ambas, la pandilla y el diseño de Dios para la iglesia. A pesar de que en la iglesia usamos comportamiento de familia, las historias de Rob me demuestran que las pandillas tienen mucho más claro el concepto de familia que el que tenemos en la iglesia.

Basándote en lo que conoces acerca de las pandillas, ¿podrías imaginar la vida en pandilla reducida a una pequeña reunión semanal de una hora? Ningún grupo que se reúna por solo un momento a la semana se puede llamar

Ni familia

pandilla. Ahora, imagina a un miembro de una pandilla preguntándole a otro de los miembros: «Hermano, ¿qué tal estuvo la pandilla? Tuve que faltar esta semana porque han pasado muchas cosas en casa».

Todos sabemos lo suficiente acerca de las pandillas como para saber que eso es ridículo. Sin embargo, cada semana escuchamos a cristianos preguntándose unos a otros: «¿Qué tal estuvo la iglesia?» Y es que, lo que Dios diseñó para que funcionara como una familia, ha sido reducido a una reunión opcional a la semana. Esto se ha convertido en una situación normal. ¿Cómo llegamos a esto? Cualquier miembro de una pandilla te puede decir que todos se protegen mutuamente, que ofrecen apoyo no importa la situación; son leales, comprometidos y siempre presentes. Mientras que en muchas iglesias la conexión que existe entre los miembros, es exactamente la misma que tienes que la persona extraña que se sienta a tu lado en el autobús.

AMOR SOBRENATURAL

¿Seria idealista pensar en la iglesia como una familia? Ciertamente es una buena idea, pero la verdad es que *nuestra familia* es la familia. ¿Realmente quiere Dios que nos relacionemos tan estrechamente con personas con las que no compartimos lazos sanguíneos, personas que ni siquiera escogeríamos como amigos? Coincido que es natural tener una relación cercana con nuestros familiares, y algo antinatural experimentar una relación así con personas con las que no tienes nada en común; pero, ¡precisamente de eso se trata! No tiene que ser algo natural; ¡es algo sobrenatural!

> *«Este mandamiento nuevo les doy: que se amen los unos a los otros. Así como yo los he amado, también ustedes deben amarse los unos a los otros. De este modo todos sabrán que son mis discípulos, si se aman los unos a los otros».*
> Juan 13:34-35 NVI

Un punto que el Nuevo Testamento deja bien claro es que la iglesia debería destacarse por su amor. Jesús dijo que es precisamente el amor que tenemos el uno por el otro lo que atrae al mundo, pero, ¿puedes nombrar una sola iglesia de tu país que sea conocida por la manera en la que sus miembros se aman? Sé que podrás pensar en iglesias que son conocidas por su entusiasmo, o por su predicación poderosa, o tal vez por los talleres que imparten, o su buena producción; pero, ¿puedes nombrar una iglesia que sea conocida por su amor sobrenatural?

NO

Esta frase: «unos a otros» es mencionada más de cien veces en el Nuevo Testamento (ámense unos a otros…, oren unos por otros…, amonéstense unos a otros…, etc.), ¿por qué entonces no podemos nombrar a una iglesia que sea conocida por la manera en la que sus miembros se cuidan mutuamente? Si Dios considera este asunto de gran importancia, ¿por qué para nosotros no es así? Como diáconos, en la iglesia *Cornerstone*, nos preguntábamos si las personas que entraban a nuestras reuniones percibían un amor sobrenatural. Y no es que hubiera falta de amor; sino que no se destacaba. Honestamente, el amor que existía no podía ser atribuido al Espíritu Santo. Probablemente muchos están pensando: *Bueno, esa fue la experiencia que tuvo Francis con su iglesia. La verdad, yo soy parte de una congregación muy amorosa, tal vez haya más amor que lo que él sintió en Cornerstone.* Podría ser, pero necesitas saber que, hablando de todas las iglesias en Estados Unidos, *Cornerstone* era una iglesia sumamente amorosa. En verdad disfrutábamos estar juntos, reunirnos en grupos pequeños, servir a las personas de bajos recursos en nuestra comunidad y también en el mundo. Éramos una iglesia muy cálida y atenta y, definitivamente fuimos testigos de bellos actos de amor inspirados por el Espíritu. Con algunas excepciones notables, en realidad no lográbamos experimentar lo que leíamos en la Biblia.

Como diáconos, no estábamos conformes con amar a la gente más que la iglesia vecina. Lo que buscábamos era el amor bíblico. Nuestro amor se podía comparar con el mismo que recibes de tus compañeros de trabajo o tus vecinos. A veces, somos muy rápidos para etiquetar nuestra experiencia en la iglesia y decir que hay «amor cristiano». Pero Jesús fue muy claro al decir que, aún los pecadores aman a los que los aman (Lucas 6:32-36). ¿Alguna vez has trabajado en un restaurante, te has inscrito a un gimnasio, o has tenido una conversación agradable con otros padres de familia en los eventos deportivos de tus hijos? El amor que recibes en tu iglesia, ¿es diferente al que experimentas en esos lugares? Debería ser así.

Jesús dijo: «Así como yo los he amado, también ustedes deben amarse los unos a los otros» (Juan 13:34). Nuestro Rey, quien dejó que lo torturaran y finalmente murió por nosotros, nos dice que nos amemos de la misma manera. ¿Has considerado amar a uno de tus hermanos cristianos de manera tan sacrificial y desinteresada, así como Cristo te amó? ¿Cuándo fue la última vez que cuidaste de manera abnegada, a un hermano o hermana en Cristo, con la intención de reanimarlo sin importar el costo?

Piensa en un par de personas de tu iglesia, trae a tu memoria sus rostros. Ahora, piensa en todo lo que padeció Jesús para atraer a sí mismo a esas personas en específico. Recuerda los latigazos que soportó para que sus pecados fueran perdonados. Piensa que, al estar en la cruz, Jesús pensó en esas mismas personas. No hubo nada que él no hubiera hecho para redimirlos, sanarlos y transformarlos.

Jesús hizo lo mismo por ti; así que, analiza: ¿A quién quiere Dios que busques? ¿Con quién desearías pasar más tiempo? Jesús llegó hasta la última instancia por ellos, ¿por qué, entonces, nosotros tendríamos reservas? Jesús buscó a esas personas y por ellas descendió del cielo a la tierra, para hacerlas parte de su familia, ¿qué obstáculos te podrían impedir para buscar tener una relación familiar con ellas?

Hemos experimentado el más grande amor que existe en el universo, ¿no debería ese mismo amor fluir desde nuestro interior, y ser suficiente para conmover al mundo?

«Amados, amémonos unos a otros, porque el amor es de Dios, y todo el que ama es nacido de Dios y conoce a Dios. El que no ama no conoce a Dios, porque Dios es amor. En esto se manifestó el amor de Dios en nosotros: en que Dios ha enviado a su hijo unigénito al mundo para que vivamos por medio de él. En esto consiste el amor: no en que nosotros hayamos amado a Dios, sino en que él nos amó a nosotros y envió a su hijo como propiciación por nuestros pecados. Amados, si Dios así nos amó, también nosotros debemos amarnos unos a otros. A Dios nadie le ha visto jamás. Si nos amamos unos a otros, Dios permanece en nosotros y su amor se perfecciona en nosotros».

1 Juan 4:7-12

¿Lo captaste? Es una promesa; que, *si nos amamos unos a otros*, Dios *permanecerá* en nosotros y su amor se *perfeccionará* en nosotros. ¿Acaso hay algo mejor que pudieras desear? Nuestra vida no refleja esta declaración, y me rompe el corazón, porque, en este pasaje también hay una seria advertencia; dice que los que no aman no conocen a Dios. A través de las Escrituras vemos el énfasis en la acción e importancia de amarse unos a otros (Romanos 12:9-10; 1 Pedro 4:8; 1 Corintios 13; etc.). No puedo evitar sentir que nuestra falta de amor nos está robando algo extraordinario.

UNIDAD SOBRENATURAL

Al acercarse el momento de la crucifixión, Jesús hizo una oración fascinante; oró por sus discípulos, y estas declaraciones han desafiado mi fe.

> *«Mas no ruego sólo por éstos, sino también por los que han de creer en mí por la palabra de ellos, para que todos sean uno. Como tú, oh Padre, estás en mí y yo en ti, que también ellos estén en nosotros, para que el mundo crea que tú me enviaste. La gloria que me diste les he dado, para que sean uno, así como nosotros somos uno: yo en ellos, y tú en mí, para que sean perfeccionados en unidad, para que le mundo sepa que tú me enviaste, y que los amaste tal como me has amado a mí».*
>
> Juan 17:20-23

Jesús oró para que entre sus seguidores hubiera la misma unidad que existe entre el Padre y el hijo. Él quiere que tú y yo seamos uno, así como el Padre y el hijo lo son. ¿Habías considerado tener esta clase de unidad en y con tu iglesia?

¿Crees que sea posible?

Entonces seguimos, la oración de Jesús no fue que tú y yo nos toleremos y evitemos la división de la iglesia. Su oración fue que estuviéramos «perfectamente unidos». Oró así porque nuestra unidad demostraría que Jesús es el Mesías. Jesús dijo que el propósito de nuestra unidad era *«para que el mundo sepa que tú me enviaste, y que los amaste tal como me has amado a mí».*

Para algunos, esta oración no tiene sentido. ¿Cómo es que nuestra unidad dará como resultado que el mundo crea? ¿De qué manera, el ver que nos amamos, hará que alguien crea que Jesús realmente descendió del cielo? Es como sumar dos mas dos y equivalen a mil. Pero recordemos que la Escritura está llena de ecuaciones imposibles. Marchar siete veces alrededor de una ciudad no podría dar como resultado que los muros se cayeran, pero sucedió (ver Josué 6). Podríamos pensar que la unidad de la iglesia no haría que la gente fuera salva; sin embargo, así pasó (Hechos 2:44-47).

La iglesia estaba unida y el resultado directo de esa unidad fue la salvación de las personas. Hechos explica el trascendencia de esta unidad de la siguiente manera:

> *«Y la multitud de los que habían creído era de un corazón y un alma; y ninguno decía ser suyo propio nada de lo que poseía, sino que tenían todas las cosas en común. Y con gran poder los apóstoles daban testimonio de la resurrección del Señor Jesús, y abundante gracia era sobre*

todos ellos. Así que no había entre ellos ningún
necesitado; porque todos los que poseían heredades
o casas, las vendían, y traían el precio de lo
vendido, y lo ponían a los pies de los apóstoles;
y se repartía a cada uno según su necesidad».

Hechos 4:32-35

No sé a ti, pero este pasaje siempre me conmueve, la iglesia se ve tan hermosa y atractiva; y es, precisamente, esa clase de amor que hace que nuestro mensaje sea creíble. La Escritura es muy clara: hay una verdadera conexión entre nuestra unidad como iglesia y la credibilidad de nuestro mensaje. Si tomamos en serio la responsabilidad de ganar almas perdidas, debemos también ser serios buscando la unidad.

«Solamente comportaos de una manera digna del
evangelio de Cristo, de modo que ya sea que vaya a veros,
o que permanezca ausente, pueda oír que vosotros estáis
firmes en un mismo espíritu, luchando unánimes por la
fe del evangelio; de ninguna manera amedrentados por
vuestros adversarios, lo cual es señal de perdición para
ellos, pero de salvación para vosotros, y esto, de Dios».

Filipenses 1:27-28

Si no leíste los versículos de arriba, por favor regresa a leerlos. Cuando hayas terminado, vuélvelos a leer. Nota la promesa al final: nuestra unidad intrépida «es señal de perdición para ellos (aquellos que se oponen a los cristianos)». Vivimos en un tiempo en el cual muy pocos creen en la ira de Dios. Aún las personas más malvadas que pudiéramos conocer no tienen temor del día del juicio. ¿Alguna vez has tratado de advertir y convencer a alguien de su destrucción futura? No es una tarea simple. Sin embargo, la Palabra nos dice que nuestra unidad valerosa los convencerá.

¿Cuándo creeremos estas promesas? ¿Cuándo ocuparemos nuestra energía en la búsqueda de la unidad? No el tipo de unidad en la que evitamos discusiones, sino el tipo de unidad en la que verdaderamente vivimos juntos como una familia. Unidad en la que suplimos las necesidades de los otros y nos interesamos por los demás sin importar la hora o el esfuerzo que se requiera. La unidad no se consigue fácilmente. Solo piensa en el trabajo que conlleva mantener unida a una familia; los actos de servicio que implica, el perdón y la gracia que se brinda constantemente, todas las ocasiones en las que los deseos de uno pasan a segundo término por amor a los demás. Es fácil hablar de unidad, pero demanda un compromiso mutuo el cual está ausente en nuestras iglesias. Si queremos que se haga realidad, necesitamos analizar lo que cuesta y decidir si tomaremos la responsabilidad. No sé tú, pero en mi caso, no se me da de manera natural, ya que soy introvertido y soy feliz con un par de buenos amigos. La obediencia, por lo regular, va en dirección contraria a nuestros deseos; si solamente obedecemos cuando fluye naturalmente de nosotros, entonces Jesús no es el Señor de nuestras vidas. Sin embargo, el resultado de la obediencia es bendición espontánea. Ahora que he comenzado a experimentar la verdadera unidad con mis hermanos y hermanas, no quiero que se acabe nunca.

Impulsar a la iglesia hacia la unidad no es ningún truco de magia, o un sabor de «iglesia» que sería divertido probar; es un mandado. Lo que Dios desea hacer es transformar la iglesia en una familia unida y sobrenaturalmente amorosa. ¿Creemos que Dios es capaz de hacerlo? ¿Confiamos que su plan para su iglesia será el más efectivo?

Hemos creado innumerables estrategias para alcanzar a los perdidos, cuando Dios nos prometió que la unidad es el método que funciona. Piénsalo; Dios nos dio instrucciones de cómo alcanzar al mundo, pero aún así decidimos dejar abandonado el manual que él nos dio, y por propio esfuerzo inventar clases, programas y eventos que promueven todo, menos la estrategia que Dios nos dio!

¿NOS HEMOS DADO POR VENCIDOS?

Cuando lees sobre la unidad que tenía la primera iglesia, ¿sientes celos? Algo dentro de ti desea haber nacido hace dos mil años atrás para ser parte de un grupo como ese. Incluso, hasta te puedes sentir un poco deprimido al darte cuenta que eso es lo que siempre has querido, pero que no lo encontrarás en la típica iglesia moderna.

Da tristeza ver que nuestras iglesias no se parecen a la primera iglesia, pero es devastador el hecho que no creamos que es posible.

Lo que noto es que mucha gente elige abandonar la iglesia, mientras que aseguran que aman a Jesús, han decidido que la iglesia entorpece su caminar. Es muy doloroso ver que, aquellos que quieren estar cerca de Jesús, hayan abandonado a la iglesia.

En 1 Timoteo hay un versículo estremecedor en el que Pablo habla de dos hombres que rechazaron su fe. Pablo dijo que los había entregado a Satanás, refiriéndose con esto a que los expulsó de la iglesia (1:20). Básicamente, esos hombres se oponían deliberadamente a la obra de Dios, así que, en lugar de actuar como si todo estuviera bien, Pablo los sacó de la bendición y la seguridad de la comunidad de creyentes. Haciendo esto Pablo esperaba que la separación de la iglesia los llevara al arrepentimiento. ¿Te das cuenta de la importancia que tiene? ¡Pablo comparó el ser expulsado de la iglesia a ser entregado a Satanás! Es una locura pensar que vivimos en un tiempo en el cual las personas se someten a esto de forma voluntaria. Es decir, la iglesia no los retiró de la comunidad, sino que ¡ellos mismos se entregaron a Satanás!

Se supone que en la iglesia hay amor verdadero, unidad y bendición, pero muchos no están encontrando estas cosas, así que, mejor se van voluntariamente. Jesús dijo que el mundo vería la unidad sobrenatural y el amor que tendríamos en la iglesia y que, a través de eso, creerían en él. Pero no estamos experimentando nada de eso, nos hemos dado por vencidos, hemos dejado de creer es posible.

¿Qué pasaría si tomáramos con seriedad el hecho de que Dios describió a la iglesia como una familia? Imagina lo que sucedería si un grupo de personas buscaran a Jesús fervientemente, se amaran abnegadamente y compartieran el evangelio con valentía.

Lamentablemente, hay muchas personas en nuestra iglesia a las que no les interesa vivir amando a una familia así. Diré algo que puede sonar muy fuerte: ¿Y si dejamos que se vayan? Sí, sé que esta declaración va en contra de las estrategias modernas para el crecimiento de la iglesia, pero es exactamente lo que haría Jesús. Mientras que nosotros diseñamos planes que aligeren el nivel de compromiso de la gente, alcanzando crecimiento de asistencia, Jesús llamó a gente que desde el principio, eran conscientes del costo (Lucas 14:25-35). Él no esperaba que sus seguidores fueran perfectos, pero sí demandaba que estuvieran comprometidos (Lucas 9:57-62). Las personas que se van de tu iglesia porque se desaniman ante el nivel de compromiso relacional, encontrarán otra iglesia donde suplirán lo que están buscando. No puedes modificar toda tu iglesia para satisfacer a alguien que terminará marchándose de todas formas, a medida que el comportamiento de tu iglesia adopte la personalidad de la primera iglesia.

Jesús no suavizó la verdad, pero sí nos prometió que su Espíritu puede unirnos de una manera que jamás hemos experimentado. Tal vez hemos estado tan distraídos con la tarea de hacer nuestras reuniones más emocionantes, que no percibimos a las personas a quienes el Espíritu nos quiere unir.

¿Y si decidiéramos seguir el diseño de Dios para la iglesia?, permitiendo que el número de asistentes se reduzca a quienes deseen obedecer su mandamiento de «que se amen los unos a los otros, como yo los he amado» (Juan 15:12). Nos daríamos cuenta que, un árbol podado tiene la capacidad de dar más fruto (Juan 15:2), y tal vez descubramos que las ramas que no estaban produciendo fruto, en realidad estaban absorbiendo los nutrientes vitales del resto del árbol.

No olvidemos que, a veces, Dios no solo desea que los dejemos ir, sino que les pidamos que se marchen. En ocasiones se presentan situaciones difíciles de enfrentar, como lo son personas tratando de sacar provecho de las iglesias comprometidas con el amor. Para amarnos unos a otros como una familia, debemos tener gracia y perdón. Sin embargo, en algunas ocasiones, lo más amoroso que podemos hacer por alguien, es no permitirle su pecado, sino, siguiendo el ejemplo mencionado por Pablo en la primera carta a Timoteo. Esta separación fue para beneficio mutuo, tanto de la iglesia como de las personas que fueron removidas. La unidad bíblica no se puede lograr si toleramos el pecado, sino a través de una acción firme que puede conducir al arrepentimiento. El amor incondicional no necesariamente se traduce a lo que queremos. Es necesario un amor extraordinario para guiar al pecador al arrepentimiento, aun a riesgo de ser rechazado.

TEN ÁNIMO

Honestamente, por años dude que fuera posible lograr una iglesia que se destacara por el amor y unidad como relatan las Escrituras. La gente continuaba diciéndome que eso no pasaría en Estados Unidos. Pude observar esta característica en lugares como China, pero los líderes allá me explicaron que la vida comunitaria es una práctica común y, debido a la persecución, la unidad es más fácil de lograr. Siempre tuve dudas, y no fue sino hasta hace unos años que me armé de valor para probarlo. Fue más difícil de lo que pensé, pero a su vez, más gratificante de lo que imaginé. Lo mismo puede suceder en el lugar donde te encuentras, ya que el amor y la unidad que provienen del Espíritu Santo no son exclusivos de los países donde los cristianos sufren persecución.

SIERVOS

¿Cómo responderías, si en este momento, Jesús te quitara los zapatos y comenzara a lavarte los pies? Trata de imaginarte este cuadro.

Yo no podría contenerme, me imagino llorando incontrolablemente. Creo que me sentiría tan indigno e incómodo, pero a la vez, tan seguro y honrado. Con dificultad logro imaginar estar en la misma habitación con Jesús, en mi mente no hay un compartimento donde quepa la idea de que, mi Creador y Juez lave mis pies, parece imposible.

Nuestra fe se basa en la convicción que Dios se humilló a sí mismo para servirnos y para morir por nosotros. El mandamiento de imitarlo sirviendo a los demás es la raíz de nuestro llamado. Después de haber lavado los pies a sus discípulos, Jesús les ordenó que se lavaran los pies el uno al otro (Juan 13:14). A pesar de esto, ¿cuál es el porcentaje de cristianos que van los domingos dispuestos a servir a otros?

«Así como el Hijo del Hombre no vino para ser servido, sino para servir y para dar su vida en rescate por muchos».

Mateo 20:28

No es de sorprender, que la mayoría de las personas que asisten a la iglesia vienen a consumir no a servir. Nos damos cuenta de lo absurdo de esta realidad, sin embargo, nos hemos resignado a ella. Hemos aprendido a aceptarla como si no hubiera nada qué hacer al respecto. Las personas dan sus ofrendas, lo cual paga los salarios de quienes trabajan en la iglesia, así que, dichos trabajadores deberían cumplir con su deber y ministrar a la gente. Pareciera un sistema justo y eficiente, y reconozco que en algunas partes, esto funciona muy bien; no es lo que Dios quiso, pero funciona.

«Por tanto, si hay algún estímulo en Cristo, si hay algún consuelo de amor, si hay alguna comunión del Espíritu, si algún afecto y compasión, haced completo

mi gozo siendo del mismo sentir, conservando el mismo amor, unidos en espíritu, dedicados a un mismo propósito. Nada hagáis por egoísmo o por vanagloria, sino que con actitud humilde cada uno de vosotros considere al otro como más importante que a sí mismo, no buscando cada uno sus propios intereses, sino más bien los intereses de los demás. Haya pues, en vosotros esta actitud que hubo también en Cristo Jesús, el cual, aunque existía en forma de Dios, no consideró el ser igual a Dios como algo a qué aferrarse, sino que se despojó a sí mismo tomando forma de siervo, haciéndose semejante a los hombres. Y hallándose en forma de hombre, se humilló a sí mismo, haciéndose obediente hasta la muerte, y muerte de cruz».

Filipenses 2:1-8

Dios quiere que te parezcas a su hijo, especialmente cuando te reúnes con tu familia de la iglesia. ¿Vas a las reuniones buscando servir? Muchos de ustedes, al leer esta pregunta, se sintieron agobiados, como si un gran peso se depositara sobre ustedes. Y es que, ya viven vidas muy ocupadas y buscan que las reuniones de la iglesia sean como un lugar de descanso, donde puedan recibir alimento. Si piensas que, sentarte cómodamente y dejar que el equipo de la iglesia te alimente te traerá mucha satisfacción, estás muy equivocado. Dios promete que, aquellos que dan, serán mucho más bendecidos (Hechos 20:35). Pero, lo que nos destruye es nuestra imposibilidad de quitar el enfoque de nosotros mismos y colocarlo en los demás. De eso nos salva Jesús; es lo que el Espíritu Santo desea hacer en nosotros.

Imagina reunirte con un grupo de personas que viven buscando la manera de servirse mejor el uno al otro. ¿Alguna vez has estado en un lugar lleno de personas con tanta humildad de corazón, que consideran a los demás como más importantes que ellos mismos? No hay nada más agradable que eso. Cuando personas servidoras se reúnen, las vidas de todos los que están en ese lugar se edifican. Dios aborrece el consumismo porque es un impedimento para la vitalidad de la iglesia que él planeó. Así que, no abandones el sueño, la iglesia no tiene porque reducirse a un grupo de personas que demandan atención y quejumbrosas porque no se les ha alimentado lo suficiente. En verdad se puede convertir en un grupo de servidores cuyas vidas florecen y prosperan al servir.

EXPERIMENTANDO A DIOS

Pablo le explicaba a la iglesia en Corinto que cada persona en su congregación poseía una habilidad sobrenatural para bendecir a los demás, dentro de la iglesia. A estas habilidades les llamó «manifestación[es] del Espíritu» (1 Corintios 12:7; 14:12). ¿Te emociona esa imagen? ¡Qué asombroso es ver a Dios moverse a través del cuerpo humano! Algunos hemos visto a personas cuyos cuerpos están poseídos por demonios que se manifiestan y hablan a través de ellos. Otros han visto caracterizaciones de esto, gracias a Hollywood. Leemos estas historias en las Escrituras, podemos imaginarnos a un demonio tomando el control absoluto de alguien y haciéndolo actuar y hablar a su placer.

¿Por qué es que nos resulta más fácil imaginar una posesión demoníaca, que una manifestación del Espíritu Santo? La mayoría podríamos decir que creemos que hay posesiones demoníacas, pero, ¿creemos que el Espíritu puede obrar a través de nosotros de una manera superior? ¡Nuestras reuniones estaban destinadas a ser sobrenaturales! Si nos enfrentáramos a una mujer poseída por un demonio, quedaríamos espantados durante días; ¿acaso, ver a alguien lleno del Espíritu no debería de ser igualmente sorprendente y memorable? ¡Necesitamos elevar nuestra expectativa! Si supieras que el Espíritu Santo se fuera a manifestar a través de alguien, ¿o te emocionaría pensar en la próxima reunión de iglesia?

Nos hemos convertido en personas fáciles de complacer. Nos conformamos si alguien se va contento de la iglesia, pero, ¡Dios quiere que se vayan asombrados! No estoy sugiriendo que nuestros servicios sean excéntricos; trayendo serpientes venenosas. Tampoco estoy diciendo que exageremos y lleguemos al punto del delirio emocional, lo cual, carece totalmente de esencia divina. Lo que estoy diciendo es que, nos hemos conformado con lo natural, y nuestras decisiones no dan evidencia que creemos en el Espíritu Santo. Por tal razón, terminamos teniendo reuniones lógicas y que, a veces, se sienten saturadas y hasta obligatorias.

Pablo quería que los creyentes se reunieran teniendo la confianza de que Dios deseaba moverse en medio de ellos, cohabitar y manifestarse a través de ellos para la edificación de todos. ¿Vas a las reuniones con esa misma expectativa? Si te conformas solamente con recibir de los demás, te perderás la emoción que es sentir al Espíritu Santo manifestándose a través de ti, y esto provocará que te sientas insatisfecho, y la iglesia sufre. Tu don espiritual es muy necesario.

Tradicionalmente, la iglesia valora a las personas de la misma manera que lo hace el mundo. Buscamos buenos líderes, comunicadores hábiles y artistas talentosos. Apreciamos sus dones y talentos, y también, que los hagan evidentes. Y así como lo hace el mundo, menospreciamos a aquellos que, inicialmente, parecen no tener nada que ofrecer. ¿Acaso nuestras acciones demuestran que esperamos que todos los miembros del cuerpo contribuyan sobrenaturalmente? Jamás nos atreveríamos a mirar a Dios a los ojos y decirle que pensamos que uno de sus hijos es un inútil; pero, no necesitamos decirlo con nuestros labios, si nuestras acciones lo están gritando.

Junto con los diáconos de la iglesia hace un par de años tuvimos que arrepentirnos después de terminar de estudiar la carta de 1 Corintios 12-14. Nos dimos cuenta que a muchas personas en nuestra congregación los clasificamos como improductivos. Comenzamos a orar por cada uno de ellos y nos acercamos de manera individual, para animarlos. Decidimos encontrar a los que pasaban más desapercibidos en nuestra congregación para recordarles verdades bíblicas, y para decirles cuánto los necesitábamos. Después de todo, en el contexto de 1 Corintios, ¿no nos explicó Pablo que Dios escogió al menospreciado del mundo para exhibir su poder (1:26-27)? ¿Cómo sería nuestra forma de actuar si realmente lo creyéramos? ¿Acaso no estamos sobrevalorando a las personas adineradas, hermosas y talentosas, tal como lo hace el mundo? Hay tanta gente que entra y sale de nuestros servicios sin recibir atención; y, por alguna razón, son los millonarios, los presidentes de las compañías y los famosos, a quienes damos toda nuestra atención. ¿Qué dice esto de nosotros?

LA TAREA DE LOS LÍDERES TALENTOSOS

Tenemos que dejar de ver a los líderes como «personas que te ministran». Dios explicó claramente el papel de estas personas; estos existen para equiparte no para consentirte. Piensa en ellos como un entrenador personal, y no como un masajista terapéutico.

> *«Y él dio a algunos el ser apóstoles, a otros profetas,*
> *a otros evangelistas, a otros pastores y maestros, a fin*
> *de capacitar a los santos para la obra del ministerio,*
> *para la edificación del cuerpo de Cristo».*
>
> Efesios 4:11-12

Nuestro Padre sabe que todos sus hijos son extremadamente talentosos; está convencido de ello. Él hizo un trabajo maravilloso al crear a cada uno y llenarlos de poder sobrenatural. Dios desea ver a todos sus hijos sirviendo a su mayor capacidad, y él ha asignado líderes en esta tierra, para asegurarse que así será. Muy pocos alcanzan a comprender que este es el papel que desempeñan sus líderes, y aún ellos mismos no comprenden que ese es su papel. Los líderes se han convertido en una clase de entrenadores personales que levantan pesas y corren en la caminadora mientras que sus clientes se sientan a contemplarlos maravillados. Al final los líderes se preguntan por qué la gente no se desarrolla como debiera.

En mi casa hay una pared que tiene muchas marcas; es donde mis hijos miden su crecimiento cada cierto tiempo, para ver si han crecido. Se mocionan con cada centímetro que avanzan (Lisa y yo engendramos hijos de baja estatura), y se decepcionan cuando ven que no han crecido por algún tiempo. ¡Quieren ver su propio crecimiento! Aquellos que son padres por primera vez, constantemente miden y pesan a sus bebés para asegurarse que los están alimentando correctamente, pero, si el bebé no crece, entran en pánico y hacen los ajustes necesarios porque el crecimiento es algo que debe suceder naturalmente.

Entonces, ¿por qué no esperamos verlo en la iglesia? Semana tras semana llegan las mismas personas con muy poco o ningún cambio en su vida. A pesar de esto, y de manera descabellada, hemos decidido continuar haciendo exactamente lo mismo esperando obtener resultados diferentes. Cada semana las mismas conversaciones, el mismo «buen sermón», el mismo «nos vemos la próxima semana». Si no hay fruto, ¿acaso no es tiempo de un cambio? Recientemente escuché a alguien decir: «Tu organización está perfectamente diseñada para brindarte los resultados que estás obteniendo en este momento». Puede que sea hora de un cambio radical.

Aún si quisiéramos que todos usaran sus dones, tomando en cuenta la manera en la que estamos haciendo las cosas, ¿sería posible ese cambio? No hay tiempo suficiente; ya que, cuando reducimos todo lo que significa «iglesia» a un servicio de noventa minutos, donde hay enseñanza por cuarenta y cinco minutos y música por treinta minutos; nos quedan quince minutos para anuncios y saludos forzados al vecino de asiento. La pregunta es: ¿Estamos creando el espacio necesario para que «cada parte del cuerpo» se sienta instrumento de Dios para bendición de los demás? ¿O hemos hecho nuestros servicios tan profesionales e impresionantes, que solamente la minoría selecta puede contribuir?

Hablando de la iglesia, Pablo dijo: «Conforme al funcionamiento adecuado de cada miembro, produce el crecimiento del cuerpo para su propia edificación en amor» (Efesios 4:16). La única manera en la que una iglesia alcanza madurez, es cuando todas las partes «funcionan». Si desistimos del objetivo de que cada miembro ejercite sus dones espirituales, entonces estamos destinados a la inmadurez perpetua.

¿QUÉ ESTAMOS ENGENDRANDO?

Si todos los graduados de la Universidad Harvard terminan trabajando en un restaurante de comida rápida, ¿quién, en su sano juicio, gastaría la fortuna que se requiere invertir para que sus hijos estudien en esa universidad? Se supone que en Harvard se producen profesionales que salen listos para competir por posiciones de alto nivel. De la misma manera, Pablo esperaba que la iglesia produjera santos que fueran valientes, trabajadores e inmutables ante las falsas enseñanzas y capaces de resistir la tentación (Efesios 4:11-14). Pablo describió el propósito de aquellos bajo su liderazgo y usó las frases: «Condición de un hombre maduro» y «la medida de la estatura de la plenitud de Cristo» (Efesios 4:13). ¿Podrías describir a los miembros de tu iglesia en estos términos?

Tenemos grandes expectativas de alguien que ha pasado cuatro años estudiando en Harvard, pero deberíamos esperar mejores resultados de quienes han pasado cuatro años (¡o cuatro décadas!) en la iglesia.

En última instancia, todo se resume a lo que producimos. Nos concentramos tanto en que la gente entre a la iglesia, que no pensamos en lo que está saliendo de ella. El propósito de la iglesia no es solamente existir; sino producir. ¿Estamos produciendo discípulos maduros que imitan a Cristo en el servicio continuo a los demás? ¿Desarrollamos comunidades cuya característica principal es el amor, que el mundo se maravilla al verlos (Juan 13:34-35)? Si no estamos produciendo esto, ¿para qué existimos?

Coincido con lo que escribió Mike Breen: «¿Acaso sólo servimos para reunir gente una vez por semana, o de verdad estamos produciendo una comunidad como la que leemos en el Nuevo Testamento? ¿Hemos cambiado nuestro modelo de buen discípulo, por alguien que apoya las actividades, ofrenda y ocasionalmente alimenta al pobre y al hambriento?»[1]

ATRACTIVOS

Hace veinte años mi esposa fue al gimnasio (no es aficionada). Cuando llegó a casa, le pregunté cómo le había ido y comenzó a decirme que había tomado una clase de aeróbicos, pero a pesar de eso, no sintió el beneficio. Cuando le pregunté el porqué, me explicó que la instructora era tan obesa, que le resultó muy difícil sentirse motivada. La intención de Lisa no fue ser grosera, simplemente que estaba acostumbrada a tener instructoras que la hacían sentir envidia de sus figuras. Ese es el método de venta que usan para los aparatos de ejercicios en televisión; porque saben que eso nos motiva. Contratan a un hombre o una mujer con cuerpo tonificado para que se ejercite en uno de sus aparatos y de esa manera te manipulan a sacar tu tarjeta de crédito, con la esperanza de llegar a parecerte a ellos.

Al leer acerca del apóstol Pablo, me siento desafiado a ser como él. Cuando leo de su deseo por Cristo (Filipenses 1:21-26), su perseverancia en el sufrimiento (2 Corintios 11:16-33) y su amor por la gente (Romanos 9:1-3), me conmueve. Quiero parecerme a él, yo quiero su paz. Así como Pablo, quiero saber al final de mi vida que no la desperdicié. Lo que me mueve es su ejemplo, no sus palabras.

A pesar de que, hoy en día, hay muchos conductores de programas, blogueros y oradores, realmente nadie los admira. Lo único que hacen es hablar. Los oradores pueden engañar a algunos, pero la verdad es que la gente solo admira a alguien cuya vida es digna de imitar. Al parecer, en la iglesia, hemos perdido de vista esta realidad. Buscamos cautivar a la gente con nuestros discursos, mientras que nuestro estilo de vida no es nada convincente. Nos enorgullece cuando podemos exhibir familias felices e hijos vírgenes que no usan lenguaje obsceno.

Pero eso, difícilmente, le demuestra a la gente que Dios está con nosotros y con ellos no. Si lo analizáramos con objetividad, podríamos comprender el por qué la gente no está tocando a la puerta de nuestros auditorios.

Si los musulmanes estuvieran anunciando buñuelos gratis y un sorteo para un *iPad* gratis, como estrategia para atraer gente a sus eventos, les diría que eso es ridículo. Sería una prueba de que su dios no contesta las oraciones. Si necesitaran hacer conciertos de rock, e invitar predicadores graciosos para reunir multitudes, los consideraría desesperados y a su dios un dios barato y débil. Por favor, comprende que no estoy juzgando ninguna iglesia que trabaja arduamente y con buena motivación para que la gente llegue a sus reuniones. Yo pasé varios años haciendo lo mismo, y considero que lo hice con un corazón sincero, porque quería que la gente escuchara el evangelio como sea. ¡Gloria a Dios por las personas con un corazón sincero! Lo único que te pido es que aprecies cómo ve el mundo estas cosas. Mientras que nuestras buenas intenciones dio lugar a mas gente en nuestras reuniones, también ha causado que toda una generación tenga una percepción muy inferior de nuestro Dios. A mucha gente le resulta difícil asimilar porque un grupo de personas, que supuestamente están llenas del Espíritu Santo y hablan directamente con el Creador del universo, necesitan recurrir a artimañas.

NO MÁS IGLESIA

¿Acaso llega un momento en que la iglesia ya no es iglesia? ¿Sucederá solamente si en su declaración doctrinal ya no manifiesta que Jesús en el Hijo de Dios? No pienses que al entrar a un edificio que tenga el anuncio de *iglesia*, significa que Dios la considera como tal.

Supongamos que mi preocupación principal fuera la salud de la gente y abriera mi negocio «Jugos saludables de Chan» Alquilo un edificio, pinto un anuncio muy llamativo con verduras sonrientes. Comienzo a hacer las bebidas licuando col rizada, zanahorias, remolachas y espinacas. A mis clientes les encanta mis jugos, así que, vienen todos los días. Pero, hay un problema; no hay suficientes personas que sean amantes de las bebidas saludables como hacer mi negocio rentable. ¿Mi solución?, crema batida. Al agregarla a mis bebidas, noté un aumento de clientes. Poco tiempo después, les agregué chocolate y las ventas crecieron aún más. Cuando añadí M&M y caramelos, comencé a hacer una fortuna. Aun con estos ajustes en los ingredientes puedo decir mis bebidas contienen elementos saludables, aunque también veo el resultado en mis clientes quienes andan letárgicos y han subido de peso. Mi deseo de tener un negocio lucrativo, eventualmente, opacó mi meta original, lo cual era ofrecer bebidas saludables. En cualquier momento debo quitar el anuncio que pinté con las verduras.

Este es un panorama muy común en las iglesias, ya que; la oración, la cena del Señor, la comunión y la lectura de la Biblia no son cosas que atraigan a multitudes, entonces comenzamos a añadir elementos que atraen a la gente. Alcanzamos una meta, pero es la equivocada, hasta llegar al punto en que, hemos agregado tantas cosas, que ya no podemos llamarla iglesia.

Estoy de acuerdo con las conmovedoras palabras de A. W. Tozer quien escribió: «Nuestra obligación más apremiante en estos tiempos es hacer todo a nuestro alcance para obtener un avivamiento que dé como resultado una iglesia reformada, revitalizada y purificada. Es más importante contar con mejores cristianos, que con más».[2]

FORZANDO LA SITUACIÓN

¿Te das cuenta lo raro que es llamar a las personas CRISTianos, cuando ni siquiera son servidores? Sé que no podemos forzar a la gente a servir, pero, debe haber algo que podamos hacer. Ningún equipo soporta tener entre sus miembros a alguien que se niega a contribuir. Ningún ejército tolera a un soldado que no quiere estar ahí. ¿Por qué, entonces, las iglesias siguen soportando a los cristianos que se niegan a servir? ¿Por qué no tratamos al egoísmo como un pecado que se debe confrontar? Si la Escritura nos ordena a servirnos mutuamente, ¿no es un insólito que no hagamos responsable a la gente?

«Cada uno según el don que ha recibido,
minístrelo a los otros, como buenos administradores
de la multiforme gracia de Dios».

1 Pedro 4:10

«Y al que sabe hacer lo bueno, y no lo hace, le es pecado».

Santiago 4:17

En nuestras iglesias confrontamos la inmoralidad sexual porque se nos ordena vivir vidas santas. Una persona adúltera no representa adecuadamente a Cristo. Pero el consumismo también es un pecado que debemos confrontar si queremos una iglesia que sea la representación genuina del cuerpo de Cristo. Si realmente amamos a nuestros hermanos y hermanas, ¿no deberíamos animarlos a arrepentirse?

Como pastores, comenzamos a hablar con las personas de nuestra congregación que no participaban activamente en servir. No solo era una actitud egoísta que lastimaba a todo el cuerpo e impedía la manifestación del Espíritu, sino que también, era claramente un pecado. Debido a que los amamos profundamente, deseábamos verlos obtener la victoria en esa área. A veces es bueno ejercer un poco de presión.

Dos de mis amigos más cercanos son Al y Christian. Ambos son hombres que saben perseverar. Por ejemplo Al, puede estar exhausto, y aún así, correr cuatro kilómetros más. Christian puede estar atiborrado, y aún así, comer tres tacos más. Hace un par de años, cuando decidí ponerme en forma, ¿a quién crees que recurrí? (Sí, Christian me dio permiso para decirlo, incluso me pidió que les dejara saber a todos que su versículo preferido es Levítico 3:16). Le pedí a Al que me impulsara e hiciera lo necesario para ponerme en forma. En más de una ocasión me sentí fastidiado por Al quien presionaba constantemente gritándome que corriera más rápido o que levantara más pesas. Mientras que yo sudaba como un cerdo, a punto de desmayarme, alucinaba sobre mi siguiente comida con Christian en un bufet de comida china. Por el otro lado, tenía a Al que no se callaba y se negaba a dejarme renunciar. Fue horrible, pero la verdad es que en la actualidad estoy en la mejor condición física de mi vida. La presión puede ser algo muy bueno.

Recuerdo el día que Lisa y yo salimos del hospital y llegamos a casa a con nuestra primogénita, no sabíamos qué hacer, pero nos esforzamos en aprender; no teníamos otra opción. Amábamos a nuestra bebé, así que, nos negamos a ser malos padres. Siete hijos después, puedo decir que hemos aprendido muy bien a ser padres.

Realmente, el ministerio no es muy distinto. Nadie está completamente listo para una vida de pastor, sin embargo, cuando se nos coloca en esa posición, asumimos el reto. A veces, lo más amoroso que podemos hacer es desafiar a aquellos a quienes amamos, después de todo, un poco de presión no le hace daño a nadie. Recuerdo en mi último año de bachillerato, cuando mi pastor de jóvenes me pidió ser el líder de una docena de chicos que cursaban el primer año. Nunca en mi vida había discipulado a nadie, pero estaba listo para servir a Dios en lo que él quisiera. Luego de unas semanas, Dios me dio un amor verdadero por esos chicos, y una preocupación genuina por cuidar su caminar con Dios. Estaba muy lejos de ser el líder perfecto, pero lo hice lo mejor que pude. No sé dónde estaría hoy si no se me hubieran desafiado a servir y a ser líder a tan temprana edad. Me hubiera perdido de vivir una vida llena de bendición.

Actualmente, tenemos alrededor de cuarenta pastores que dirigen nuestras iglesias en San Francisco. Todos tienen otros empleos y ninguno recibe sueldo de parte de la iglesia. Nunca recibieron un entrenamiento formal, todos han aprendido a ser pastores sobre la marcha. Estos líderes crecieron porque sintieron la presión de la responsabilidad pastoral. Ahora son excelentes pastores, e incluso están haciendo discípulos que también serán pastores en un futuro. Amo a estos hombres y confío ciegamente en ellos.

Pudiera contarte historias de personas que han sacrificado sus hogares, auto, dinero, su privacidad, su salud y hasta sus vacaciones por servir a los demás. Podría hablarte de los milagros, sanidades y profecías que han surgido de las personas más inusuales. Estos resultados se han obtenido exhortando que todos los miembros sirvan. Sin embargo, para mí, la mayor bendición ha sido poder ver el desarrollo de líderes.

Se supone que la iglesia debe ser el lugar donde se forman pastores y diáconos. Cada iglesia debería equipar a sus miembros y enviarlos hacia su comunidad. Desafortunadamente, se tiende a hacer lo opuesto. Enviamos anuncios, solicitando pastores que vengan a servir a nuestras iglesias. Incluso, algunas iglesias contratan cazatalentos profesionales para que les encuentren un pastor. En lugar de enviar, estamos reclutando. Esto se ha vuelto muy normal.

Solamente podremos desarrollar líderes cuando estructuremos todo de tal forma, que requiera que otros asuman el liderazgo. He aprendido a limitar el uso de mis dones para dar espacio a que otros ejerzan el liderazgo. Esto ha dado como resultado un ejército de líderes equipados y preparados para ir a cualquier ciudad del mundo, listos y capaces para auto sustentarse, a la vez hacer discípulos. Ellos han mostrado que tienen la capacidad de iniciar iglesias y multiplicarlas. Son líderes siervos que están engendrando a otros líderes listos para ser enviados.

Es tiempo de ejercer presión amorosa sobre nuestra vida y sobre los que nos rodean. Esta es responsabilidad de todos, porque, solamente cuando nos convirtamos en servidores, podremos experimentar al Espíritu Santo de la manera que Jesús lo ideó. Solo entonces, la iglesia se parecerá a aquel a quien adora: a Cristo.

6

BUENOS PASTORES

De todos los capítulos del libro, este, en particular, fue escrito con la mayor influencia de oración y de amor. Es el capítulo más sincero y emocional. Emocional al punto de lágrimas. He sido pastor por más de treinta años; desde niño supe que era mi llamado y, hasta el día de hoy, estoy convencido que es lo correcto. Aún cuando traté de huir de la responsabilidad, Dios se encargó de que volviera. Me gusta ser pastor y me encanta ayudar a la gente a comprender quién es Dios y a que se aprendan a amarlo. A pesar de las traiciones y desilusiones, no hay otra cosa que prefiera hacer. Si mi vida acabara hoy (y puede suceder), no me alcanzarían las palabras para expresar la plenitud de mi vida. Para mí, es un honor haber sido llamado al ministerio, y aún no puedo entender que Dios me haya escogido para hacerlo. Pocas personas trabajan en lo que aman.

Escribo este capítulo para los pastores de tiempo completo, los de medio tiempo y muchos de ustedes que están leyendo que, aunque todavía no lo sepan, serán llamados a pastorear. Creo que miles de ustedes son llamados a ser pastores; no de la forma tradicional, sino en un sentido bíblico. Les escribo esto con la esperanza de que aprendan a amar este llamado aún más que yo. También escribo teniendo en mente la eternidad. No todos escucharán «bien hecho» de la boca de Dios, pero quiero que tú si. Constantemente el enemigo intenta alejarnos de nuestro primer amor, y que nos dediquemos a complacer a la gente. Casi al final de su vida, Pablo impartió cariñosamente algunas advertencias al joven Timoteo; he tratado de escribir con ese mismo corazón. Conozco muchos de los obstáculos, porque yo mismo me he tropezado con ellos.

Como mencioné al principio de este libro, he tratado de poner mucha atención a las ocasiones en las que Dios usó un lenguaje enérgico en la narrativa bíblica. En mi opinión, Dios les habló de manera más severa a los líderes, que a cualquier otro grupo, y, por otro lado; el lenguaje más tierno y de mayor honra por parte de Dios, estuvo reservado también para los líderes espirituales. Parece que Dios tenía una relación muy singular con los líderes, a tal grado que hasta los defendía. Por ejemplo, él azotó a Miriam con lepra por haberse atrevido a hablar contra Moisés (Números 12:1-10), y él hizo que salieran dos osos del bosque para despedazar a cuarenta y dos muchachos que se burlaron de Eliseo (2 Reyes 2:23-24). A Juan se le llamó «amado» (Juan 21:20-24), y Abraham fue llamado «amigo de Dios» (Santiago 2:23).

A su vez, las palabras más fuertes de condenación por parte de Dios, fueron dirigidas a los líderes. La búsqueda del liderazgo conlleva severas advertencias. Santiago dice que los líderes serían juzgados más severamente (3:1), y el autor de Hebreos dice que los líderes darán cuenta por la manera en la que ejercieron el liderazgo pastoral (13:17). Jesús se dirigió a los líderes religiosos de su tiempo llamándolos hijos del infierno (Mateo 23:15). El punto es que, no debemos asumir que todo el que ocupa una posición de autoridad espiritual, merece estar ahí.

Fue muy difícil escribir este capítulo porque quiero ser cuidadoso de no ser irrespetuoso o arrogante, pero algo debo hacer con los ejemplos de Cristo, Pedro y Pablo; quienes reprendieron fuertemente las falsas enseñanzas. Necesitamos, de alguna manera, seguir el ejemplo de David, en cuanto a ser respetuosos y cuidadosos, aún ante los líderes terribles, mientras que seguimos también el ejemplo de Pablo al exponer a los falsos maestros.

Al mirar mi vida en retrospectiva, creo que, en ocasiones, he sido excesivamente crítico e irrespetuoso, mientras que en otras ocasiones he sido cobarde y demasiado político. No estoy indicando que tengo todas las respuestas, o que crea que soy ejemplar, sino que Dios ha sido muy paciente para enseñarme cómo hablar sobre temas difíciles siempre en un espíritu de amor, en lugar de juicio. Constantemente me recuerda que necesito examinar mi propia vida, y es ahí donde creo que todos debemos comenzar.

Para aquellos que están en el liderazgo de la iglesia; no podemos asumir que ese es el lugar al que pertenecemos. Necesitamos preguntarnos: *¿Estoy seguro que debería estar en esta posición? ¿Estoy en buenas condiciones como para ser líder? ¿Quiero reproducir en otros la relación que tengo con Jesús?*

Para todos aquellos que actualmente no son líderes, no asuman que no lo deberían de hacer; ya que, pudiera ser que su temor al fracaso los está deteniendo de hacer lo que Dios los llamó a hacer. Nadie está llamado a alimentarse solamente, sin dirigir y alimentar a otros. Mira a tu alrededor; si no hay nadie siguiéndote, algo anda mal con tu vida. Dios te ha llamado a hacer discípulos. Él te ha llamado a dirigir de alguna forma.

Este capítulo no es para que los laicos lo usen para juzgar a sus líderes. El desafío de dirigir a esta generación de individuos obstinados e indiscretos ya es suficientemente abrumador. Así que, definitivamente, no quiero añadir más leña al fuego. Este capítulo fue escrito para todos; para que evaluemos nuestras propias vidas. La iglesia necesita desesperadamente líderes llenos de Dios. Contrario a la creencia popular, todos somos

llamados a pastorear (una palabra que simplemente significa
«guiar»). Las mujeres mayores deben guiar a las más jóvenes
(Tito 2:3-5), los padres deben guiar a sus hijos (Efesios 6:4),
a Timoteo se le dijo que enseñara a otros lo mismo que se le
había enseñado a él (2 Timoteo 2:2). Todos fuimos llamados
a hacer discípulos (Mateo 28:20). Si no puedes encontrar una
sola persona que te admire y te considere un mentor, algo
anda mal en tu vida, y las redes sociales no cuentan; hablo
de personas de carne y hueso que imiten tus acciones. Esto
requiere vivir una vida digna de ser duplicada, lo cual es un
poco más difícil que simplemente compartir fotografías y
frases en tus perfiles.

LAS TRAMPAS DEL MINISTERIO

Algunas de las expectativas que ponemos sobre los líderes,
hacen que sea prácticamente imposible que tengan éxito. No
pueden dar preferencia ni a las cosas que ellos mismos deseaban
lograr, tampoco lo que Dios quiere que sean su prioridad.
Pero eso no es culpa solamente de ellos, muchos comenzaron
en el ministerio porque tenían un amor muy profundo por
Dios y por la gente, tenían una mentalidad radical y valiente,
listos para arriesgar lo que fuera por el reino de Dios. Pero
actualmente, hay demasiadas trampas tendidas delante de los
ministros que, eventualmente, caen en alguna de ellas, lo cual
provoca que se distraigan, vivan engañados o se depriman.

La trampa de evitar las críticas. Las personas no miden sus palabras para hablar de los pastores. No importa lo que se predique, siempre hay personas en ambos bandos –pro y contra– que están ansiosos por criticar. La hostilidad y la cantidad de sus críticas, conducen a una politización del púlpito. Ya no suenan como profetas, sino como candidatos a la presidencia. El líder se vuelve tan sensible en su manera de responder a la gente y comienza a enseñar de tal manera que evita cualquier crítica, en lugar de estar predicando la verdad sin temor.

La trampa de la recaudación de fondos. No conozco a ningún pastor que haya decidido iniciarse en el ministerio porque le gusta recaudar fondos. Y tampoco conozco a pastores que no se preocupen constantemente por el presupuesto de la iglesia o por los proyectos de construcción.

La trampa de la comparación. Los miembros de la iglesia escuchan con regularidad las transmisiones multimedia de pastores muy talentosos, cuyas predicaciones conmueven a miles de personas. Es muy difícil, tanto para los líderes, como para los seguidores, no sentirse desanimados por las comparaciones.

La trampa de cumplir con las expectativas. La gente llega los domingos esperando que haya café, un buen lugar para estacionar, música que les guste a un volumen ideal, un sermón de treinta minutos, un buen servicio de guardería, escuela dominical, actividad para los adolescentes, para jóvenes solteros, jóvenes adultos, etc. Los líderes y pastores están demasiado ocupados creando todo lo que la gente espera, como para buscar en verdad lo que Dios ordena.

La trampa de la popularidad. Los asientos vacíos son deprimentes, al igual que ver que la gente se amotina en la iglesia de la acera de enfrente. Ahora, prueba ir a un congreso cristiano donde los pastores que son casi celebridades, son tratados como miembros de la realeza. Es difícil no sentir envidia, y también es difícil que, aquellos que «están en la cima» no se llenen de orgullo. No hay ganadores en este sistema.

La trampa de la seguridad. Es curioso que, ponemos a los pastores en las oficinas de la iglesia, rodeados de un equipo de cristianos que están a su servicio, trabajando cuarenta horas a la semana, y luego les pedimos que nos prediquen acerca de vivir por fe.

La trampa de la avaricia. Las personas en nuestro país se sienten con todo el derecho del mundo para lo que sea; y los pastores no son la excepción. Entre más grande la iglesia, mayor el sueldo. Entre más ventas de libros, más regalías. El crecimiento de la iglesia pudiera tener doble intención, para aquellos que les gusta vivir cómodamente.

La trampa del ataque demoníaco. Encima de todo, hay un león rugiente buscando a quien devorar (1 Pedro 5:8), y los pastores son los primeros de su lista. Hay un enemigo que hace todo lo posible para tentarte y hacerte pecar de tal forma que dañe irreparablemente la reputación de la iglesia.

Podemos especular acerca de si los pastores deberían de ser lo suficientemente fuertes para evitar estas trampas, o si la gente debería dejar de crearlas. Realmente no importa de quién sea la culpa, es claro que los líderes se distraen y se desaniman. ¿Podemos pretender que se produzcan discípulos llenos del Espíritu a partir de ese liderazgo? ¿Acaso estamos, inconscientemente, disponiendo todo para que fallen estos hombres y mujeres de Dios?

LOS TIEMPOS HAN CAMBIADO

En 1994, cuando comencé la iglesia *Cornerstone*, todo era muy diferente. La gente era más respetuosa con sus pastores, y de la autoridad en general; no existía eso de las redes sociales. De hecho, muy pocas personas tenían teléfonos celulares (sí, soy viejo). Si alguien, en ese entonces, me quería elogiar o criticar, tenía que ir a buscarme en persona. Sin duda, los tiempos han cambiado.

Recuerdo cuando las redes sociales empezaron a inundar al mundo. De repente, se volvió mucho más fácil y rápido el que alguien me halagara o criticara públicamente. En ocasiones, la cabeza apenas me cabía por la puerta por tantos elogios que recibía; y otras veces, luchaba para no sentirme herido o enojado con tantas declaraciones crueles que hacían de mí. Con el tiempo, aprendí a poner menos atención a esas cosas, pero al principio fue agobiante.

Para quienes nunca han tenido que enfrentarse a un mar de gente manifestando fuertemente sus opiniones, sean agradecidos. He conocido muy pocas personas que han sabido navegar ese mundo manteniendo la humildad y el amor, sin perder la valentía. Y es que, las grandes multitudes tienen un efecto extraño en nosotros; hacen que, inconscientemente, comencemos a predicar de una manera en particular, como para evitar las críticas, en lugar de enseñar la verdad sin importar la respuesta que esto genere. Vivimos en un tiempo en el que las personas son muy volátiles. Si decimos mal una sola palabra en público, esto puede causar catástrofes.

Se hará más y más difícil que los pastores puedan hablar con atrevimiento y humildad ante las multitudes. Tal vez sea por eso que ahora hay menos pastores que son conocidos por ser humildes y valientes. Quedé muy impactado por un pastor en China que me dijo: «En Estados Unidos, los pastores piensan que deben hacerse famosos para tener una gran influencia. En China, los líderes cristianos con más influencia son los que permanecen más en el anonimato». Mi corazón saltó al oír esto, imaginando tener una oportunidad de luchar por ser de mayor influencia, pero a la vez, con menos reflectores. Parece que, nuestra manera actual de hacer las cosas nos conduce hacia el fracaso. Aquellos que buscan tener una influencia masiva en el reino de Dios son quienes, al parecer, siempre pierden la batalla contra el orgullo, y es así como el enemigo nos impide desarrollar el carácter que nos hace eficientes.

«Acordaos de vuestros pastores, que os hablaron
la palabra de Dios; considerad cuál haya sido el
resultado de su conducta, e imitad su fe».

Hebreos 13:7

Líderes, quiero desafiarles a que examinen sus vidas y consideren si pueden decir a la gente, de todo corazón y con una consciencia limpia, que los sigan; así como ustedes siguen a Cristo. Para aquellos que aún no están en posiciones de liderazgo, al repasar a continuación las cualidades esenciales de un buen líder según la Biblia, los exhorto a examinar a sus líderes con un espíritu de gracia y humildad, para discernir si su fe y su modo de vivir son dignas de imitar. Para algunos de ustedes, puede que Dios los esté llamando a asumir el liderazgo, y les imploro que se consagren para el crecimiento en las siguientes áreas.

EL PASTOR CRISTIANO

Puede que el título suene ridículo, pero, ¿deberíamos asumir que todos los pastores son cristianos? Sólo porque decimos que creemos en Dios; o porque fuimos a un instituto bíblico a prepararnos para el ministerio, esto no nos asegura que nuestros corazones le pertenecen a Dios. Habiendo estudiado por dos años en un instituto bíblico, y tres años en el seminario, puedo decirles que el diploma puede ser prueba de nuestra inteligencia y disciplina, pero no de nuestra espiritualidad. Esos años fueron, sin lugar a dudas, los más difíciles de mi vida. Recordemos que en los días de Jesús, muchos de los líderes religiosos eran los más malvados. La Biblia nos advierte constantemente de guardarnos de los falsos maestros.

«Pero se levantaron falsos profetas entre el pueblo, así como habrá también falsos maestros entre vosotros, los cuales encubiertamente introducirán herejías destructoras, negando incluso al Señor que los compró, trayendo sobre sí una destrucción repentina. Muchos seguirán su sensualidad, y por causa de ellos, el camino de la verdad será blasfemado; y en su avaricia os explotarán con palabras falsas. El juicio de ellos, desde hace mucho tiempo no está ocioso, ni su perdición dormida».

2 Pedro 2:1-3

En este mundo, siempre habrá falsos maestros. Jesús enseñó que vendrán lobos vestidos de ovejas (Mateo 7:15). ¿Qué mejor manera de camuflaje que el de un ministerio? Muchos enseñarán falsa doctrina por su deseo de ser aceptados, otros predicarán la verdad, mientras que sus vidas son una mentira. Ya sea que su mensaje, o su estilo de vida sea falso, ambos son reprobables. Si lees el resto de capítulo 2 de 2 Pedro, verás que está reservado para ellos un juicio terrible. Si estás leyendo esto, y te encuentras viviendo una vida de inmoralidad, es hora de que te retires del liderazgo, porque no hay nada peor que ser un falso maestro. Alejar a la gente de su creador es lo más detestable que puedes hacer.

Es mi oración que, todos los que lean esta sección, tomen un tiempo para evaluar sus propias vidas. Como dijo Pablo: «Examinaos a vosotros mismos si estáis en la fe» (2 Corintios 13:5). ¿Tienes claro que consideraste el precio y decidiste seguir a Jesús? ¿Ves en tus pastores una clara evidencia de que han dejado todo para seguir a Cristo?

EL PASTOR QUE ORA

En una ocasión, les pedí a los miembros de mi equipo que me dijeran si no oraban como mínimo una hora por día; de esa forma, los podría reemplazar por alguien que sí lo estuviera haciendo. Prefiero contratar a alguien que ora, aunque no haga nada más; que tener a alguien que trabaja incansablemente pero que no ora. Esto puede parecer severo, pero la oración es crucial. La oración no es solamente tarea de un ministerio, es el indicador que deja expuesta la condición del corazón; revelando nuestro orgullo, nos muestra si es que creemos o no, que alejados de Dios carecemos de poder. Cuando oramos, estamos expresando nuestro sometimiento a Dios y nuestra dependencia en su infinita sabiduría y soberanía. Ni siquiera Jesús mismo resolvía los asuntos por sí mismo; lo vemos cuando su discípulo, Pedro, fue atacado por Satanás.

«Simón, Simón, mira que Satanás os ha reclamado para zarandearos como a trigo; pero yo he rogado por ti para que tu fe no falle; y tú, una vez que hayas regresado, fortalece a tus hermanos».

Lucas 22:31-32

Si alguien hubiera podido ayudar a Pedro, dándole consuelo y una buena enseñanza, ese sería Jesús todopoderoso; aún así, su solución fue orar. Meditemos en esto por un momento.

La oración es la señal de alguien que ama. Aquellos que aman profundamente a Jesús no pueden evitar orar constantemente. El mandamiento más grande es amar a Dios con todo nuestro ser. Los pastores que no disfrutan la oración, deberían dejar de ser pastores; pues es en la oración donde buscamos al Señor y el bienestar de nuestra gente.

Me uní con mis diáconos para orar los versículos de Efesios 3:14-19 sobre nuestra congregación, rogando a Dios que tuvieran hambre por Jesús, así como nosotros la tenemos.

En una ocasión, un pastor de la India me dijo que estuvo investigando los diversos movimientos que se han dado y notó un común denominador: los movimientos de Dios siempre han comenzado con un líder que conoce íntimamente a Dios, e invariablemente, terminan cuando los seguidores de dicho movimiento conocen íntimamente al líder. Pastores, debemos conocerlo a él íntima y profundamente, y hacer discípulos cuya único afición sea Cristo.

EL PASTOR HUMILDE

Otro pastor de la India me dio un consejo simple, pero poderoso, el cual siempre recuerdo. Su ministerio ha llevado a más de tres millones de personas a los pies de Jesús, y todos están siendo discipulados. Cuando le pregunté cómo hizo para organizar a este ejército masivo me contestó: «Los estadounidenses siempre quieren conocer la estrategia, pero te diré esto; mis líderes son los hombres con el corazón más humilde que he visto, y conocen entrañablemente a Jesús». Procedió a contarme que los peores errores ocurrieron cuando colocó a personas arrogantes, faltos de humildad, en posiciones de liderazgo. A él le emocionaba el hecho de que sus lideres desarrollaran sus talentos, pero acabaron en destrucción. A la fecha, me dice mi amigo, es lo que más ha lamentado. La característica principal para identificar a un buen candidato al liderazgo es la humildad. Con esta norma en practica, los problemas han disminuido considerablemente.

No nos atrevemos a admitirlo pero, a menudo, buscamos líderes de la misma forma que lo hace el mundo; nos fijamos en la apariencia. Queremos encontrar un gran orador y líder talentoso, pero Dios siempre ha respaldado al humilde que lo busca apasionadamente. Al parecer, muchos pastores comenzaron siendo guerreros de oración y con un corazón humilde, pero permitieron que las expectativas de la gente torcieran sus prioridades. Si embargo, otros han pretendido ser humildes, pero la razón principal por la que han avanzado en el ministerio, ha sido por su carisma.

«¿O pensáis que la Escritura dice en vano: El Espíritu que él ha hecho morar en nosotros nos anhela celosamente? Pero él da mayor gracia. Por eso dice: Dios resiste a los soberbios, y da gracia a los humildes. Someteos, pues, a Dios; resistid al diablo, y huirá de vosotros. Acercaos a Dios, y él se acercará a vosotros. Pecadores, limpiad las manos; y vosotros los de doble ánimo, purificad vuestros corazones. Afligíos, y lamentad, y llorad. Vuestra risa se convierta en lloro, y vuestro gozo en tristeza. Humillaos delante del Señor, y él os exaltará».

Santiago 4:5-10

No hay nada peor que la oposición de Dios. Santiago lo dejó muy claro: «Dios resiste a los soberbios» (4:6). ¿Qué tan efectiva puede ser una iglesia si Dios se opone a su líder? Por el contrario, Dios promete acercarse y mostrar gracia a los humildes que se acercan a él.

Con frecuencia, antes de predicar, me hago la siguiente pregunta: ¿Mi sermón atraerá la atención de las personas hacia Dios, o hacia mí? Muchos optamos por la supervivencia y la auto exaltación como mecanismo de defensa. Debido a nuestra inseguridad, nos preocupamos más por lo que la gente piensa de nosotros, en lugar de desear que ni siquiera piensen en nosotros. Toda mi vida he luchado con esto, es muy desagradable.

Hablando de la raza humana, Jesús dijo que «no hay nadie mayor» que Juan el Bautista (Mateo 11:11). Él era grande a los ojos de Dios porque no buscaba ser grande a los ojos de los hombres. Juan dijo de Jesús: «Es necesario que él crezca, y que yo disminuya» (Juan 3:30).

EL PASTOR AMOROSO

Una vez más, pareciera que no vale la pena mencionar esto. ¿Por qué otra razón, alguien se convertiría en pastor? ¿Habrá un pastor que no ame genuinamente?

En mi experiencia, es muy fácil «llevar a cabo el ministerio» sin amar a la gente. El amor no es un requerimiento para ser un pastor «exitoso». Puedo recordar ocasiones en las que me ocupé de ministrar a la gente sin sentir amor verdadero por ellas. Resulta muy fácil ver a las personas como proyectos que quieres reparar, que como hijos a quienes amas.

¡Me encanta el ejemplo de Pablo! Lee detenidamente:

> *«Porque nunca usamos de palabras lisonjeras, como sabéis, ni encubrimos avaricia; Dios es testigo; ni buscamos gloria de los hombres; ni de vosotros, ni de otros, aunque como apóstoles de Cristo hubiéramos podido imponer nuestra autoridad. Más bien*

demostramos ser benignos entre vosotros, como una
madre que cría con ternura a sus propios hijos.
Teniendo así un gran afecto por vosotros, nos hemos
complacido en impartiros no sólo el evangelio de Dios,
sino también nuestras propias vidas, pues llegasteis
a seros muy amados. Porque recordáis, hermanos,
nuestros trabajos y fatigas, cómo, trabajando de día
y de noche para no ser carga a ninguno de vosotros,
os proclamamos el evangelio de Dios. Vosotros sois
testigos, y también Dios, de cuán santa, justa e
irreprensiblemente nos comportamos con vosotros
los creyentes; así como sabéis de qué manera os
exhortábamos, alentábamos e implorábamos a cada
uno de vosotros, como un padre lo haría con sus
propios hijos, para que anduvierais como es digno del
Dios que os ha llamado a su reino y a su gloria».

1 Tesalonicenses 2:5-12

Cuando Pablo habla de su tiempo con esta iglesia, dice que fue «como una madre que cría con ternura a sus propios hijos» (2:7). ¡Imagina qué impresionante sería tener un pastor que cuide de ti de esta manera! Pablo prosiguió diciendo que los exhortó «como un padre lo haría con sus propios hijos» (2:11). No solamente los trató con la ternura de una madre, sino también los exhortó con la firmeza de un padre. Muchos pastores tienen la aspiración de convertirse en grandes autores, oradores y líderes, pero no hay muchos que sean conocidos como buenos padres y madres para sus congregaciones. Y los que sirven de manera excelente como si fueran madres y padres, nunca llegan a ser conocidos porque no es algo que se valore mucho. La gente no te celebrará grandemente por cuidar con humildad a un grupo de personas.

Si la meta principal iglesia es la unidad perfecta por la que oró Jesús en Juan 17, entonces, esta debe comenzar con líderes que aman a su gente. Somos llamados a ser como padres, no niñeras. Hay una diferencia abismal. Debemos saber que tener hijos es un compromiso enorme, te quitará tu privacidad, tu libertad y tu tiempo, pero valdrá la pena.

EL PASTOR QUE CAPACITA

Parte de mi responsabilidad como buen padre, es asegurarme de criar a mis hijos tan bien, que en su momento ellos tendrán la capacidad de tener su propia familia. Tengo pocos años para capacitarlos. Mi trabajo es entrenarlos para que se valgan por sí mismos, en lugar de depender de mi. Esta misma meta debería tener cada pastor. Si no somos cuidadosos, terminaremos con personas apáticas y quejumbrosas. Es la misma situación disfuncional del hijo de treinta años que vive en casa y se queja de la comida de mamá. La meta de un buen pastor es de criar y reproducir buenos pastores.

«Y él dio a algunos el ser apóstoles, a otros profetas, a otros evangelistas, a otros pastores y maestros, a fin de capacitar a los santos para la obra del ministerio, para la edificación del cuerpo de Cristo; hasta que todos lleguemos a la unidad de la fe y del conocimiento pleno del Hijo de Dios, a la condición de un hombre maduro, a la medida de la estatura de la plenitud de Cristo; para que ya no seamos niños, sacudidos por las olas y llevados de aquí para allá por todo viento de doctrina, por la astucia de los hombres, por las artimañas engañosas del error».

Efesios 4:11-14

Uno de los problemas más debilitantes con los que se enfrenta la iglesia, es la imposibilidad de madurez de sus miembros. Las iglesias están llenas de niños que nunca crecen para convertirse en padres, como lo habla Pablo; y no lo hacen porque no es un requisito. Muchos pastores esperan que sus miembros habiten bajo la sombra de sus enseñanzas hasta el final de sus vidas, en lugar de entrenarlos y prepararlos para que vayan y lideren a otros. Pablo fue claro diciendo que los líderes deben capacitar a los santos para la obra. Hugh Halter considera que este problema es una trampa que nosotros mismos construimos: «Muchos ministros quedan atrapados haciendo todo el trabajo del ministerio porque reciben su sueldo de los cristianos consumistas, que no logran percibir la trascendencia de su llamado».[1]

¿Qué sucedería en nuestra sociedad, si los padres no esperaran que sus hijos formen sus propias familias? Esto es exactamente lo que le ha pasado a la iglesia. Tenemos tan pocas expectativas de la gente que, supuestamente, debería estar llena del Espíritu Santo. Ya es hora de que los padres espirituales (por ejemplo, los pastores), vuelvan a creer en sus hijos. Es hora que dejen de hacer el trabajo por ellos; y que, en lugar de hacerlo, los preparen para una vida en la cual, deberán trabajar. Siempre habrá quienes se rebelen contra esto, y por eso Pablo le dijo a Timoteo que se enfocara en los que son «dignos de confianza», quienes irán a enseñar a otros (2 Timoteo 2:2 NVI).

La meta de mi pastorado ha cambiado mucho. Ya pasaron los días en los que me conformaba con un grupo de personas cantando animadamente, que no se divorciaran y que dieran dinero para las misiones. Ahora, quiero estar seguro que, si envío a cualquier miembro de mi iglesia a una ciudad, crecerá de la mano de Jesús, hará discípulos e iniciará una iglesia. Por la fe que tengo en el Espíritu Santo, estoy convencido de que es posible, porque está en nuestro ADN. A todos se nos dio un espíritu de valentía y poder para lograr mucho más de lo que imaginamos. Debemos preparar a nuestra gente para ser independientemente dependientes del Espíritu Santo.

Aunque hay muchos pastores que se jactan de cuántos hijos suyos habitan bajo su cuidado, ¿no tendría más sentido jactarse de cuántos se han graduado bajo cuidado? ¿No es una señal de fracaso el que sus hijos no puedan irse de casa? Criar miles de consumistas no es señal de éxito.

EL PASTOR LLENO DEL ESPÍRITU SANTO

¿Qué es lo que te imaginas cuando escuchas la frase *lleno del Espíritu*? ¿En quién piensas?

Como dije anteriormente, todos tenemos en la mente la imagen de una persona poseída por un demonio, pero no la de una persona llena del Espíritu Santo. Te lo explico de otra forma: Todos sabemos que hay una enorme diferencia entre una persona poseída por un demonio y una que no lo está. ¿No debería también haber una diferencia descomunal entre una persona que está llena del Espíritu y una persona buena pero que no conoce a Jesús? No confundamos el conocimiento teológico, o la bondad en general, con la llenura del Espíritu. ¿Tu pastor está lleno del Espíritu? ¿Y tú?

Independientemente de cómo te imaginas que actúa una persona llena del Espíritu, en Efesios 5 encontramos la siguiente descripción:

> *«No os embriaguéis con vino, en lo cual hay*
> *disolución; antes bien sed llenos del Espíritu,*
> *hablando entre vosotros con salmos, con*
> *himnos y cánticos espirituales, cantando y*

*alabando al Señor en vuestros corazones; dando
siempre gracias por todo al Dios y Padre,
en el nombre de nuestro Señor Jesucristo.
Someteos unos a otros en el temor de Dios».*

Efesios 5:18-21

Pablo lo comparaba con estar ebrio. Todos podemos imaginarnos a una persona ebria; cómo su forma de hablar y sus movimientos se ven afectados. Cuando tu cuerpo está lleno de alcohol, todo en ti es afectado. De la misma manera, cuando estás lleno del Espíritu no puedes hacer nada sin su influencia. En cuanto abrimos nuestra boca, Dios es quien sale porque estamos llenos de él. Es por eso que, las personas llenas del Espíritu se hablan entre sí «con salmos, con himnos y cánticos espirituales» (5:19). Están llenos de alabanzas a Dios, de tal manera que, cuando te hablan, de su boca salen esas alabanzas. Las personas llenas del Espíritu siempre están cantando y componiendo melodías en sus corazones, porque eso es lo que el Espíritu siempre quiere hacer. Están «dando siempre gracias» (5:20), porque la bendición de la presencia del Espíritu los hace vivir agradecidos. Se someten «unos a otros en el temor de Dios» (5:21), porque son humildes y respetan a los líderes que Dios les ha puesto. El Espíritu de Dios afecta todas sus relaciones.

En Gálatas 5:22-23 vemos la lista de los frutos del Espíritu Santo; muchos estamos familiarizados con ellos. Es fácil ver la lista y pensar: *Sí, yo soy muy amoroso, paciente, amable, etc. Creo que yo tengo todos los frutos del Espíritu en mi vida.* Pero si nuestro amor es resultado de la obra del Espíritu Santo, ¿no debería ser fuera de serie, sobresaliente y diferente? No nos apresuremos en atribuirle al Espíritu algo que otros pueden producir en su propia carne.

¿Acaso no deseamos todos ser guiados por un pastor que esté, genuinamente, lleno del Espíritu?, ¿que sea una persona con un poder, valentía y carácter sobrenatural? He estado orando por milagros. Le he estado diciendo al Señor que no quiero ser solamente bueno; quiero la bondad que el Espíritu Santo puede producir. ¿De qué otra manera podremos atraer al mundo? Yo quiero la paz que sobrepasa el entendimiento, esa paz que deja confundidos a todos. Si los pastores no tenemos estas cualidades en proporciones sobrenaturales, ¿qué esperanza tienen nuestras iglesias?

EL PASTOR MISIONERO

Jesús nos ordenó ir hasta los confines de la tierra; hacerlo por su gloria, por la salvación de las personas y por nuestro bienestar. Fuimos creados con un propósito, y encontramos nuestra realización cuando permanecemos enfocados en la misión. Los pastores deben enfatizar el sentido de urgencia para ir y ayudar a los que están sufriendo. Tenemos que ser conscientes de los billones de personas que nunca han escuchado el evangelio, y no enfocarnos solamente en idear maneras creativas para presentarles el evangelio a aquellos que ya lo han rechazado una docena de veces.

> *«La religión pura y sin mácula delante de*
> *Dios el Padre es esta: Visitar a los huérfanos*
> *y a las viudas en sus tribulaciones, y*
> *guardarse sin mancha del mundo».*

Santiago 1:27

En el corazón de Dios está el deseo de ser padre de los huérfanos (Salmos 68:5). Todos los que tienen el Espíritu de Dios viviendo en ellos deberían tener compasión por el que sufren. Los pastores se concentran en cosas irrelevantes, y no perciben a las madres que están viendo a sus hijos muriendo de hambre. Nosotros nos quejamos, olvidando que tenemos hermanos y hermanas que están siendo torturados cruelmente en prisión. Cuando se nos olvida que hay un infierno, tendemos a debatir y dividirnos por temas insignificantes.

Todos los pastores han predicado acerca de la gran comisión (Mateo 28:16-20). Pero, ¿cuántos están viviendo vidas ejemplares, mostrando que toman en serio su gran comisión? Oremos y seamos una generación de líderes cuyos corazones agonizan por los perdidos y por los que sufren. No es ningún secreto que nuestros edificios están llenos de personas egocéntricas, que solamente van a consumir. La solución no es decirle a la gente que deje de ser egoísta; los pastores tienen que envolver a la congregación en el cuidado del perdido y necesitado.

EL PASTOR SUFRIDO

Dedicaremos un capítulo entero profundizando sobre nuestra necesidad de ser servidores sufridos. Así que, permítanme dirigirme a los líderes en específico para decirles que, nuestra congregación necesita más que palabras; necesita ver el ejemplo de un líder que vive alegre a pesar del sufrimiento. Toma un tiempo para contemplar tus palabras y acciones en medio de situaciones difíciles. En esos momentos, tus discípulos al verte y escucharte, ¿fueron testigos de la perseverancia y mansedumbre que sólo Cristo puede dar?

Nos desanimamos y renunciamos muy fácilmente, porque no hemos aprendido a regocijarnos a pesar del sufrimiento. Muéstrame a un pastor que se regocije en medio del sufrimiento, y te mostraré a un pastor que permanecerá en el ministerio por mucho tiempo. Cuando los pastores gozosos hacen discípulos, el resultado es, y siempre será: iglesias prósperas.

LÍDERES IMPROBABLES

Puede que algunos de ustedes hayan leído este capítulo y pensaron: «*Mi pastor no coincide con todo esto*». Tal vez sea verdad, y en algunos casos, tal vez sea mejor alejarte de tu líder actual. Esta es una decisión muy seria que solamente se debe tomar mediante mucha oración, humildad y razonamiento bíblico.

Pero ese no fue el objetivo de este capítulo. Espero que cada persona que lea esto, se levante para convertirse en ese líder lleno del poder de Dios que tanto hablamos. Puede que te parezca difícil imaginar que eres un pastor cristiano sufrido, misionero, lleno del Espíritu, que enseña, amoroso y de mucha oración. Recordemos que esto es lo que el Espíritu Santo de Dios desea hacer en ti. No leas esta lista con tus ojos físicos, porque, apartados del Espíritu Santo, claramente es imposible. Para quienes estamos llenos del Espíritu de Dios, eso es lo que anhelamos llegar a ser. No vayas en contra de lo que el Espíritu Santo está tratando de hacer en tu vida.

Hay momentos a través de la historia, en los que los pastores se corrompieron, y, en el Antiguo Testamento, Dios los confrontó severamente (Ezequiel 34). Jesús hizo lo mismo con los líderes religiosos de su tiempo. Su solución, para cambiar al mundo, fue reemplazar a los profesionales por personas ordinarias y sin educación. ¡Gente como nosotros!

Dios aborrece cuando ignoramos el talento que él nos ha dado. Siempre ha valorado la fe, y las personas que toman sus palabras de manera literal. Efesios 3:20 debería ser un versículo que se haga carne en nuestra vida, y no una frase bonita que pintamos en un muro. La iglesia necesita urgentemente una oleada fresca de líderes dirigidos por Dios. Oro por todos los líderes, para que sean renovados, o reemplazados. Que Dios continúe levantando un ejército de buenos pastores que lo amen por sobre todas las cosas, y que vivan para hacer que la iglesia cumpla el propósito para el cual Dios la diseñó.

7

CRUCIFICADOS

«He sido crucificado con Cristo, y ya no vivo
yo, sino que Cristo vive en mí. Lo que ahora
vivo en el cuerpo, lo vivo por la fe en el Hijo de
Dios, quien me amó y dio su vida por mí».

Gálatas 2:20 NVI

En el triatlón conocido como *Ironman*, los participantes nadan
3.86 kilómetros, andan en bicicleta 180 kilómetros y corren
42 kilómetros.[1] Si les pido que lo vean conmigo, muchos de
ustedes lo considerarían, pero si les pido que compitamos, el

número disminuirá considerablemente. Actualmente, hay millones de personas que se consideran cristianos, porque creen que la vida cristiana se trata simplemente de admirar el ejemplo de Cristo, pero no saben que, de hecho, es un llamado para seguir su ejemplo. Si en realidad lo comprendieran, el número disminuiría drásticamente. El Nuevo Testamento es bien claro; no solamente hay que creer en su crucifixión; debemos estar crucificados con Cristo.

Si únicamente escucharas la voz de Jesús y leyeras sólo las palabras que salieron de su boca, tendrías un claro entendimiento de lo que él requiere de sus seguidores. Pero si escucharas exclusivamente a los predicadores y autores modernos, tendrías un entendimiento muy diferente de lo que significa seguir a Jesús. ¿Podría existir un problema más catastrófico que este?

Hay millones de hombres y mujeres a quienes se les ha enseñado que pueden ser cristianos y esto no les costará absolutamente nada, ¡y lo creen! Incluso, hay quienes tienen la osadía de enseñar que la vida se pondrá mejor, una vez que las personas hagan la oración e inviten a Jesús a su corazón. ¡Pero Jesús enseñó totalmente lo opuesto!

Por favor, lee lenta y cuidadosamente estas palabras de Jesús, porque esto es *mucho* más importante que cualquier párrafo que yo haya escrito. Interpreta tú mismo sus palabras:

«Grandes multitudes lo acompañaban; y él, volviéndose, les dijo: Si alguno viene a mí, y no aborrece a su padre y

madre, a su mujer e hijos, a sus hermanos y hermanas, y
aun hasta su propia vida, no puede ser mi discípulo. El
que no carga su cruz y viene en pos de mí, no puede ser
mi discípulo. Porque, ¿quién de vosotros, deseando edificar
una torre, no se sienta primero y calcula el costo, para ver
si tiene lo suficiente para terminarla? No sea que cuando
haya echado los cimientos y no pueda terminar, todos los
que lo vean comiencen a burlarse de él, diciendo: «Este
hombre comenzó a edificar y no pudo terminar.» ¿O qué
rey, cuando sale al encuentro de otro rey para la batalla,
no se sienta primero y delibera si con diez mil hombres
es bastante fuerte como para enfrentarse al que viene
contra él con veinte mil? Y si no, cuando el otro todavía
está lejos, le envía una delegación y pide condiciones de
paz. Así pues, cualquiera de vosotros que no renuncie
a todas sus posesiones, no puede ser mi discípulo».

Lucas 14:25-33

Olvida lo que te dijeron cuando oraste para invitar a Jesús a ser tu salvador; mejor lee lo que Jesús demandó, y pregúntate si aún así quieres seguirlo.

No hay lugar para confusiones en las condiciones puestas por Cristo; por esta razón es que tuvo tan pocos discípulos. El llamado a seguirlo, era un llamado a morir. El precio estaba colocado ante todos y con números grandes; Jesús lo expuso desde el principio y les pidió a todos que lo consideraran antes de implicarse en algo para lo cual no estaban dispuestos. En la actualidad solo queremos hablar de la parte buena: la gracia y las bendiciones. Por supuesto que la gracia, el perdón y la misericordia son el núcleo del evangelio, pero a su vez, Jesús fue muy claro acerca del alto precio del mismo; un concepto que decidimos ignorar completamente.

Al hacerlo, hemos perdido la esencia de lo que significa ser cristiano. Ser cristiano significa sumisión total de tus deseos a cambio del objetivo de servir para la gloria de Dios; significa morir a ti mismo para que viva Cristo en ti. A esto te comprometes.

> *«Y llamando a la multitud y a sus discípulos, les dijo: Si alguno quiere venir en pos de mí, niéguese a sí mismo, tome su cruz, y sígame. Porque el que quiera salvar su vida, la perderá; pero el que pierda su vida por causa de mí y del evangelio, la salvará. Pues, ¿de qué le sirve a un hombre ganar el mundo entero y perder su alma? Pues ¿qué dará un hombre a cambio de su alma?»*
>
> Marcos 8:34-37

De acuerdo a lo que dijo Jesús, lejos de ser gratuito, seguirlo te costará todo. ¿Nos promete una vida mejor? En realidad, él advirtió que habría intenso sufrimiento.

«Entonces os entregarán a tribulación, y os matarán,
y seréis odiados de todas las naciones por causa de
mi nombre. Muchos tropezarán entonces y caerán,
y se traicionarán unos a otros, y unos a otros se
odiarán. Y se levantarán muchos falsos profetas, y
a muchos engañarán. Y debido al aumento de la
iniquidad, el amor de muchos se enfriará. Pero
el que persevere hasta el fin, ése será salvo».

Mateo 24:9-13

Jesús advirtió que se levantarán falsos maestros y «a muchos engañarán» (v. 11). Es por eso que es imperativo que todos estudiemos diligentemente las palabras de Cristo. Si los versículos anteriormente mencionados te parecen extraños, o contrarios a lo que te han enseñado, ¡encuentra nuevos maestros! Huye de cualquier maestro que te prometa riqueza y prosperidad en esta vida. El llamado para seguir a Cristo es un llamado a resistir, siempre gozosos, el sufrimiento en esta vida, con la promesa de la bendición eterna en la venidera.

«Bienaventurados sois cuando los hombres os
aborrecen, cuando os apartan de sí, os colman de
insultos y desechan vuestro nombre como malo,
por causa del Hijo del Hombre. Alegraos en ese
día y saltad de gozo, porque he aquí, vuestra

recompensa es grande en el cielo, pues sus padres
trataban de la misma manera a los profetas».

Lucas 6:22-23

«¡Ay de vosotros, cuando todos los hombres hablen
bien de vosotros!, porque de la misma manera
trataban sus padres a los falsos profetas».

Lucas 6:26

CUANDO EL SUFRIMIENTO ES ANORMAL

Rara vez se habla del sufrimiento en la iglesia en Estados Unidos. Esto me parece irónico, pues encontramos sufrimiento *a través de todo* el Nuevo Testamento. Una vez escribí un sermón para el cual, tomé libro por libro del Nuevo Testamento, y leí todos los versículos que hablan del sufrimiento, y de esta manera demostrar una de las doctrinas más claras del Nuevo Testamento, que la encontramos *en toda una sección de la Biblia*, y no solamente en un libro. Repetidamente expresa que como seguidores de Cristo, sufriremos por su causa; seremos odiados y rechazados por su causa. Cuando predico acerca del sufrimiento, la gente piensa que es algo anormal, o una nueva enseñanza; lo cual es una locura, ya que es muy evidente en la Biblia, sólo que elegimos no hablar del asunto.

El hecho que este sea un tema tan importante en el Nuevo Testamento, y a la vez, un concepto que se ha perdido en nuestras iglesias, es un grave problema. Entre más estudio los Evangelios, más me convenzo que, los que vivimos en los Estados Unidos tenemos una visión distorsionada de lo que significa ser un «cristiano»; y es por esa razón, que nuestras iglesias se encuentran en el estado en el que están. Una visión distorsionada del cristianismo solamente puede dar como resultado una iglesia distorsionada. ¿Y, si comenzamos de nuevo? ¿Qué pasaría si demolemos lo que actualmente llamamos «iglesia», y comenzamos de la nada, con cristianos verdaderos?

Un creyente que se congrega en una iglesia en casa, en Irán (cuyo nombre no diré, por obvias razones), me explicó que, las personas que quieren unirse a la iglesia allá en ese país, tienen que firmar un acuerdo por escrito que estipula que perderán sus propiedades, los enviarán a la cárcel y serán mártires debido a su fe. Muchos cristianos en Irán son arrestados y encarcelados de por vida o ejecutados. La comunión es muy diferente cuando la iglesia está compuesta de personas que poseen un entendimiento bíblico del cristianismo. De manera interesante, algunas investigaciones han mostrado que la población evangélica ¡está creciendo más rápido en Irán, que en cualquier otra parte del mundo![2]

Un amigo mío regresó después de haber visitado una iglesia en Irak, le pregunté cuál fue la diferencia más notable entre nuestra iglesia, y la iglesia de Irak. Él me contestó: «A lo que nosotros le llamamos consagración, allá lo llaman prerrequisito». En otras palabras, actuamos como si la entrega total fuera un proceso que toma toda la vida, donde decidimos, poco a poco, si vamos o no a rendirle ciertas cosas a Dios. Mientras que los creyentes en Irak, enseñan de la misma forma que enseñó Jesús. Allá se requiere que las personas consideren el precio y rindan todo desde el principio, de otra manera, no pueden formar parte de la iglesia.

Hace años estuve en China y fui a la reunión de una iglesia subterránea, y les pregunté acerca de la persecución. Cada persona que se puso de pie, compartió su historia, sufrimientos y como sobrevivió la persecución. En ocasiones tuvieron que esconderse entre paredes y otras, huir de los oficiales del gobierno en medio de tiroteos. Me hubiera gustado que los escucharan, en medio de risas y carcajadas, contando sus historias. Estas situaciones que para ellos forman parte de la vida del cristiano.

En sus oraciones, le pedían a gritos a Dios que los llevara a los lugares más peligrosos. «Quiero sufrir por tu causa, por favor, no quiero ir a un lugar seguro, ¡no quiero! Quiero ser hallado *digno* de morir por causa de tu nombre». ¡Esa era su oración! Si tienes un grupo así, ¿quién podrá detenerlos? Así es como debería de ser la iglesia; una fuerza imparable, lista para la batalla.

Recuerdo que después hablé con un hombre que dirige toda una red de iglesias en China. Me dijo que hubo un tiempo en el cual disfrutaron más de libertad religiosa. Él decidió probar las aguas y construir una iglesia "visible". Su iglesia alcanzó a dos mil personas, pero un tiempo después llegó el gobierno, la cerró y lo llevó a rastras, a él y a los otros pastores colegas. En retrospectiva, me dijo que estaba muy agradecido que le haya sucedido eso, porque la situación reactivó el ADN de la iglesia. Me dijo que, con el cambio de estructura, habían comenzado a perder de vista el propósito; ya que al tener un servicio concurrido, las personas llegaban solamente para escuchar un sermón. Cuando ya se habían acostumbrado a simplemente sentarse y escuchar, él se dio cuenta que le costaba mucho poder animar a las personas para activarse. Fue casi como si el Señor hubiera usado esa destrucción por parte del gobierno, para que surgieran con más fuerza, y así lo hicieron.

Luego, me explicó que empezaron el movimiento de iglesias en casas, el cual se basaba en cinco pilares. Fue nombrando los pilares: el primero consiste en un compromiso muy profundo con la oración; el segundo es un compromiso con la Palabra de Dios, no se trata del predicador, sino de que todos lean y aprendan la Palabra de Dios; el tercero es el compromiso de compartir el evangelio, así que, todos los miembros compartían el evangelio. Sentí que estos primeros tres pilares coincidían mucho con lo que estábamos tratando de hacer en San Francisco. El cuarto es ver milagros con regularidad; lo cual, debido a la vida de oración, y la confianza en el Espíritu Santo, vivían expectantes de experimentar situaciones sobrenaturales. Eso era algo que nosotros comenzábamos a entender y desear.

Pero cuando nombró el quinto pilar, me tomó completamente por sorpresa, me dijo: «El quinto pilar es abrazar el sufrimiento por la gloria de Cristo». ¡¿Qué?! Me dijo que la iglesia esta fundada en este pilar: *abrazar* el sufrimiento. Esto me pareció muy insólito, nunca había pensado en eso. Pero, entre más lo analizaba, más me convencía de que estaban en lo correcto que en toda la Escritura se habla de esto. Ellos incluyeron el sufrimiento en el plan de su iglesia, así como el Nuevo Testamento nos exhorta a que lo hagamos, ¡y rindió frutos! Al permanecer fieles a la esencia de la iglesia, su propósito original, la iglesia produjo un grupo de personas que apasionadas por Jesús, y dispuestos a ir a donde sea y a hacer lo que fuera, sin importar el precio.

Leemos en Hechos 5:40-41 acerca de la primera iglesia: «...y después de llamar a los apóstoles, los azotaron y les ordenaron que no hablaran en el nombre de Jesús y los soltaron. Ellos, pues, salieron de la presencia del concilio, regocijándose de que hubieran sido tenidos por dignos de padecer afrenta por su nombre». Piensa en esto por un segundo: «regocijándose de que hubieran sido tenidos por dignos de padecer afrenta por su nombre». ¿Cómo detener a personas así? Ese fue el problema que tuvo el gobierno con la primera iglesia, ellos decían: «¿Cómo los detenemos? Los matamos, y parecen ponerse más contentos; los torturamos, y se van con gozo. No podemos detenerlos. ¿Acaso los tenemos que matar a todos para ya no escucharlos? Se regocijan con esta situación. Incluso, con la persecución se hacen más fuertes».

Hasta que no abracemos el sufrimiento como muchos cristianos alrededor del mundo, no tendremos una iglesia poderosa. El enemigo trabaja arduamente para impedirnos llegar a ese nivel, porque cuando lleguemos, él ya no tendrá dónde pisar.

FUERA DE ESTE MUNDO

Durante la última década, ha sido revitalizante ver que los cristianos son más conscientes de los sentimientos y pensamientos de la gente. En lugar de apresurarse a juzgar y etiquetarlas, se toman el tiempo para escuchar cada historia y conocer y entender esas heridas y deseos. Esto es algo muy bueno; sin embargo, al hacerlo, se ha cometido un gravísimo error: se ha perdido de vista los deseos de Dios. Al ocuparse por tener compasión por las personas, se ha ignorado la santidad de Dios. Han olvidado que, la manera de pensar y sentir de Dios sobre un asunto en particular incapacita cualquier sentimiento humano.

«Sea Dios veraz, y todo hombre mentiroso…»
Romanos 3:4

Al esforzarnos por ser sensibles con los demás, perdemos de vista la verdad. Cuando hacemos esto, en vez de ayudar a la gente, los condenamos. La verdadera compasión no sólo tiene en cuenta lo que siente una persona hoy, se tiene en cuenta además lo que sentirá el día del juicio. Lo que muchos hacen en nombre de la compasión y de una mente abierta, en realidad lo hacen por narcisismo y cobardía. Debido a que queremos ser aceptados, escuchamos y consentimos, pero nos negamos a reprender. Si eso es amor, entonces los profetas, apóstoles y Jesús mismo, fueron los sujetos más faltos de amor del planeta.

Jesús nos amó tanto que estuvo dispuesto a sufrir toda una vida de rechazo, y aún el mismo rechazo de su propio Padre cuando estuvo en la cruz. Jesús nunca perdió de vista la santidad de Dios y lo injurioso del pecado. Él sufrió por hablar con la verdad, mostrándonos que el verdadero amor, muchas veces es rechazado. Así fue Jesús, así es el amor.

Puede que nunca nos enfrentemos a una situación de sufrimiento físico, como nuestros hermanos y hermanas en otras partes del mundo, pero muchos han optado por huir de sufrir rechazo. En la actualidad las personas han comenzado a diluir sus convicciones con más frecuencia porque no quieren ofender a nadie. En lugar de abrazar la persecución que viene por ir en contra del mundo, hemos elegido abrazar al mundo para tratar de convencerlo que nos tolere; esto no debería ser así.

«Si el mundo los aborrece, tengan presente que antes que a ustedes, me aborreció a mí. Si fueran del mundo, el mundo los amaría como a los suyos. Pero ustedes no son del mundo, sino que yo los he escogido de entre el mundo. Por eso el mundo los aborrece. Recuerden lo que les dije: «Ningún siervo es más que su amo». Si a mí me han perseguido, también a ustedes los perseguirán».

Juan 15:18-20 NVI

Cuando Jesús confrontó a los fariseos, no lo hizo con palabras delicadas, les llamó «generación de víboras» (Mateo 3:7; 12:34; 23:33; Lucas 3:7), y otra terminología parecida. Cuando vio a la gente en el templo queriendo obtener ganancia intercambiando dinero y vendiendo animales para el sacrificio, los acusó de profanar el templo de Dios y volcó las mesas (Mateo 21:12-17; Marcos 11:15-19; Lucas 19:45-48; Juan 2:13-22). Jesús sintió coraje santo ante la hipocresía de los fariseos, la avaricia y la falta de respeto de los cambistas. ¿No te impresiona el hecho que, fuera de Jesús, nadie más parecía darse cuenta de los pecados de estos dos grupos de personas? No vemos a la multitud de judíos que asistían al templo, confrontando a los fariseos o enojándose por las actividades profanas en el templo de Dios; estaban tan acostumbrados que ya era parte de su cultura.

Creo que, de manera similar, nos hemos acostumbrado y permitido que el pecado invada la iglesia, porque es parte de nuestra cultura. La cultura del mundo, en el siglo veintiuno es totalmente egocéntrica. Lo que desees, ve y tómalo; no importa si hiciste un juramento y te comprometiste con una persona, si ya no te hace feliz, tienes todo el derecho a irte. Nadie tiene derecho a juzgarte. Lo más importante es que tú te ames, tal y como eres. Cuando comenzamos a funcionar de esta manera en la iglesia, empezamos a adaptar nuestra teología a los deseos de la gente, y, en última instancia, a sus pecados. Este tipo de actitud es un insulto para Dios; no debemos hacer eso en la iglesia. Nuestro compromiso con el reino debe prevalecer sobre la cultura.

Jesús y los apóstoles fueron perseguidos porque, lo que decían y enseñaban era contracultural. La cultura de nuestro mundo está tan corrompida, tal vez más que en los tiempos de Jesús. La enseñanza de la iglesia debería ser radicalmente diferente a lo que enseña el mundo. Cuando suceda, habrá reacciones negativas y la asistencia disminuirá, pero la iglesia se purificará. Necesitamos regresar a la teología centrada en Dios en lugar de tener una teología centrada en el hombre. Y también necesitamos estar dispuestos a volcar algunas mesas y a sufrir por ello.

BUSCA A JESÚS, NO EL SUFRIMIENTO

Aunque dispuestos a sufrir es importante, debemos tener cuidado de cómo vivimos la teología del sufrimiento.

Comprendamos que el objetivo de las Escrituras no es el ascetismo. No estamos buscando el sufrimiento sólo para sufrir; buscamos a Jesús, y el sufrimiento siempre lo acompaña. Como creyentes, vivimos nuestros días buscando a Cristo, buscamos parecernos a él y a la misión de Cristo, pero nada de esto viene sin sufrimiento. Deberíamos ser como los caballos a los que se les colocan anteojeras, para mirar solamente la meta que está frente a nosotros. Al fijar toda nuestra atención en Jesús, y el buscarlo se convierte en nuestra obsesión, tenemos la certeza que recibiremos persecución por todos lados.

No valoramos a Jesús, es por eso que creamos una sociedad de creyentes sin compromiso, que evita a toda costa el sufrimiento. Queremos a Jesús, pero con limitaciones. Queremos a Jesús con la misma intensidad que queremos otras cosas. Las buenas nuevas de salvación se encuentran al mismo nivel de importancia de otro tipo de «buenas nuevas»; ¡me voy a casar!, ¡vamos a tener un bebé!, ¡Dios vino en carne, fue crucificado por nuestros pecados, resucitó de la muerte y volverá para juzgar al mundo! Las otras buenas nuevas causan más emoción que el evangelio. Que insulto para Dios nuestro comportamiento.

Debemos tomar un tiempo para meditar en la imposibilidad de la cruz. El Todopoderoso, el Omnisciente, el Omnipotente Dios que con su voz creó el universo, mandó a su hijo a morir como un criminal, para que tú y yo podamos estar con él para siempre. ¡Podremos morar con él por siempre!

No importa cuántas veces lo hayas escuchado, si esto no te incita a caer sobre tu rostro en adoración, ¡hay algo que no está bien!

Tener presente la eternidad nos permitirá poner todo en perspectiva cuando las cosas se ponen difíciles. Cuando comprendamos verdaderamente lo que Jesús hizo por nosotros, el sacrificio a nuestro favor y la belleza incomparable de la vida eterna que prometió al que persevera, no podemos evitar enamorarnos de él a tal grado que deseamos entregarle completamente nuestra vida en agradecimiento por lo que hizo.

> *«Y ciertamente, aun estimo todas las cosas como*
> *pérdida por la excelencia del conocimiento de*
> *Cristo Jesús, mi Señor, por amor del cual lo he*
> *perdido todo, y lo tengo por basura, para ganar a*
> *Cristo, y ser hallado en él, ni teniendo mi propia*
> *justicia, que es por la ley, sino la que es por la fe*
> *de Cristo, la justicia que es de Dios por la fe; a*
> *fin de conocerle, y el poder de su resurrección, y la*
> *participación de sus padecimientos, llegando a ser*
> *semejante a él en su muerte, si en alguna manera*
> *llegase a la resurrección de entre los muertos».*
>
> Filipenses 3:8-11

Leyendo el pasaje anterior ¿crees que te describe, crees que otros piensan que te describe? El apóstol Pablo estaba tan obsesionado con conocer a Jesús, que quería participar de los sufrimientos de Cristo. Imagina que Jesús estuviera siendo azotado con un látigo y tú ahí a su lado pasando por lo mismo. En ese momento estás mirando a Jesús cara a cara mientras soportas, tú también, el maltrato. Sientes un dolor intolerable, pero puedes a ver sus ojos y sabes que estás con el hijo de Dios, el creador de todo lo que hay, y que juntos están atravesando esta situación. Pablo quería conocer profundamente a Jesús, aún si eso demandaba sumergirse en el sufrimiento.

Hay un nivel de amor que podemos alcanzar, el cual al obtenerlo incita en nosotros un deseo de intimidad que sientes como si estuvieras a su lado, clavado en la cruz. Podrías perderlo todo; tu reputación, tus comodidades, tus posesiones, y contar todo como basura, porque, comparado con conocer a Cristo, nada de eso tiene valor. El sufrimiento es muy importante, porque a través de él conocemos más a Jesús, conocemos el poder de su resurrección y conocemos la comunión que hay en su sufrimiento.

AMA A LA GENTE, NO EL SUFRIMIENTO

«Si reparto entre los pobres todo lo que poseo, y si entrego mi cuerpo para que lo consuman las llamas, pero no tengo amor, nada gano con eso».

1 Corintios 13:3 NVI

Dios es muy claro; la motivación de nuestro sufrimiento debe ser el amor. Ese es el ejemplo del Padre (Juan 3:16) y del hijo (15:13). Si hacemos un sacrificio por cualquier otra razón, no tiene mérito. Ni siquiera es suficiente decidir sufrir como misionero. Él quiere que ames a la gente con tanta intensidad que te aflija verlos perdidos y que sacrifiques tu vida para llevarles el evangelio.

¿Cuándo fue la última vez que te sacrificaste por el bienestar de otro? No creo estar equivocado al expresar que este el objetivo del evangelio. Si no es algo común en tu vida, y no puedes pensar en alguien fuera a tu familia por quien serías capaz de sacrificarte, entonces necesitas examinar seriamente tu vida, pues esto es lo que identifica a los cristianos del resto del mundo; ya que, nosotros sufrimos porque amamos a la gente, aún a nuestros enemigos.

Tengo amigos que adoptaron niños porque querían tener hijos, tengo otros amigos que adoptaron niños porque aman a los niños; hay una gran diferencia. Tengo amigos que están tan llenos de amor, que adoptaron niños con necesidades especiales y niños con problemas de conducta. Estas decisiones, por lo regular, crean un caos en una familia. Pero cuando pregunto a estas parejas por qué lo hicieron, normalmente la respuesta es: «No pensamos en lo que sufriríamos si la adoptábamos; pensamos en cuánto sufriría ella si no lo hacíamos».

Cuando amamos a los demás, nos convertimos en las manos y los pies de Jesús. Jesús amaba a los marginados, los rechazados y los olvidados. Y al final de su vida, esas manos y pies fueron clavados en una cruz. El amor real demandará algo de nosotros y siempre nos conducirá al sufrimiento.

NUEVAS EXPECTATIVAS

«Queridos hermanos, no se extrañen del fuego de la prueba que están soportando, como si fuera algo insólito. Al contrario, alégrense de tener parte en los sufrimientos de Cristo, para que también sea inmensa su alegría cuando se revele la gloria de Cristo. Dichosos ustedes si los insultan por causa del nombre de Cristo, porque el glorioso Espíritu de Dios reposa sobre ustedes».

1 Pedro 4:12-14 NVI

¡Este pasaje lo dice todo! Pedro nos dijo que no nos sorprendiéramos cuando vinieran las pruebas «como si fuera algo insólito» (v. 12). Las pruebas son parte del plan. Debido a que se ha enseñado un falso evangelio, muchas personas dudan de la soberanía de Dios cuando llega el sufrimiento. La Escritura dice que deberíamos esperar que llegue, incluso una parte de nuestro ser, debería desear la prueba, para que también «sea inmensa la alegría cuando se revele la gloria de Cristo» (v. 13). Piensa en el momento cuando Cristo regrese en toda su gloria. Imagina lo contento que estarás cuando recuerdes el sufrimiento que soportaste por amor a su nombre. En ese momento, sólo te quedará esperar las recompensas eternas. Pedro dijo que aquellos que hayan padecido rechazo por su causa, son «dichosos[…], porque el glorioso Espíritu de Dios reposa sobre ustedes» (v. 14), esta es una declaración poderosa. Lo que él estaba queriendo decir era que, tu disposición para sufrir, es la prueba de que el Espíritu de Dios reposa sobre ti. ¡Nuestro sufrimiento demuestra que verdaderamente somos cristianos!

Los cristianos creemos en la vida después de la muerte. La iglesia es la *novia* que cree que el *novio* volverá y la llevará con él para estar juntos por la eternidad. Nuestra confianza en esta verdad, produce acciones que pudieran parecer tontos a los ojos de un mundo incrédulo. Nuestra esperanza nos motiva a sufrir. Estamos conscientes de la brevedad de la vida, y esperamos con ansias la gloriosa eternidad, estamos seguros que así será, y por ello, lo arriesgamos todo, incluso nuestra vida.

El apóstol Pablo sufrió más que nadie que yo conozca. Al hablar de su sacrificio personal dijo: «Si hemos esperado en Cristo para esta vida solamente, somos, de todos los hombres, los más dignos de lástima» (1 Corintios 15:19). Él sabía lo ridículas que resultarían sus acciones si su existencia terminaba al morir, pero no importaba, porque Pablo tenía la confianza de que su muerte física sólo sería el principio. El sufrimiento en su vida era la muestra que creía en aquel primer versículo que tú y yo aprendimos de memoria; él sabía que «no se perdería, mas tendría vida eterna» (Juan 3:16) Estas son las buenas nuevas. Pablo no tuvo temor a la muerte o al sufrimiento, y así también deberíamos de ser nosotros.

Entonces, espera encontrarte con el sufrimiento, deséalo y gózate en medio de él, porque esta es nuestra esencia, nuestra herencia y el plan de Dios para la iglesia. Somos llamados a ser un ejército tan perdidamente apasionado por Jesús, lo cual nos hace inquebrantables. Esta es la clase de fuerza que puede cambiar al mundo.

«Por tanto, puesto que tenemos en derredor nuestro tan gran nube de testigos, despojémonos también de todo peso y del pecado que tan fácilmente nos envuelve, y corramos con paciencia la carrera que tenemos por delante, puestos los ojos en Jesús, el autor y consumador de la fe, quien por el gozo puesto delante de Él soportó la cruz, menospreciando la vergüenza, y se ha sentado a la diestra del trono de Dios. Considerad, pues, a aquel que soportó tal hostilidad de los pecadores contra sí mismo, para que no os canséis ni os desaniméis en vuestro corazón».

Hebreos 12:1-3

Armémonos con este modo de pensar, recordemos el cielo y vivamos a la luz de lo que viene. Estimulémonos mutuamente a aspirar niveles más altos de entrega y a tener expresiones radicales de valentía. Gocemos juntos en medio del sufrimiento. Nuestra meta es ser creyentes llenos del Espíritu, centrados en el evangelio y dedicados a la oración, pero no olvidemos que también buscamos ser cristianos sufridos, porque así fue Jesús; un siervo sufrido. Perseveremos hasta el fin.

¿PODRÍA SER MÁS OBVIO?

Terminaré este capítulo con versículos bíblicos. Hemos utilizado mucha Escritura, pues quiero dejar claro que esta enseñanza no es una aislada y oscura que encontré en el Nuevo Testamento. Si acudes a una iglesia que no enseña toda la Escritura, sino solamente las partes que son agradables para las multitudes, entonces, puede que para ti sea una enseñanza nueva.

Jesús dijo claramente que seguirlo significaba sufrir, y también lo dijeron todos los demás en el Nuevo Testamento. Por favor no saltes lo que falta para leer el capítulo siguiente. Yo mismo soy culpable de leer libros e ignorar los versículos que ya conozco. Pero, por favor, tú no lo hagas; toma un tiempo para meditar y orar mientras lees los siguientes pasajes. Podrías experimentar una increíble de comunión con Jesús, mientras interactúas con estos versículos:

«El Espíritu mismo da testimonio a nuestro espíritu de que somos hijos de Dios, y si hijos, también herederos; herederos de Dios y coherederos con Cristo, si en verdad padecemos con él a fin de que también seamos glorificados con él. Pues considero que los sufrimientos de este tiempo presente no son dignos de ser comparados con la gloria que nos ha de ser revelada».

Romanos 8:16-18

«Vestíos con toda la armadura de Dios, para que podáis estar firmes contra las asechanzas del diablo. Porque no tenemos lucha contra sangre y carne, sino contra principados, contra potestades, contra los gobernadores de las tinieblas de este siglo, contra huestes espirituales de maldad en las regiones celestes».

Efesios 6:11-12

«Porque a vosotros se os ha concedido por amor de Cristo, no sólo creer en él, sino también sufrir por él».

Filipenses 1:29

«Esta es una señal evidente del justo juicio de Dios, para que seáis considerados dignos del reino de Dios, por el cual en verdad estáis sufriendo».

2 Tesalonicenses 1:5

«Sufre penalidades conmigo, como
buen soldado de Cristo Jesús».

2 Timoteo 2:3

«Y en verdad, todos los que quieren vivir
piadosamente en Cristo Jesús, serán perseguidos».

2 Timoteo 3:12

«Por lo cual también Jesús, para santificar al
pueblo mediante su propia sangre, padeció
fuera de la puerta. Así pues, salgamos a él fuera
del campamento, llevando su oprobio».

Hebreos 13:12-13

«Porque esto halla gracia, si por causa de la conciencia
ante Dios, alguno sobrelleva penalidades sufriendo
injustamente. Pues, ¿qué mérito hay, si cuando
pecáis y sois tratados con severidad lo soportáis con
paciencia? Pero si cuando hacéis lo bueno sufrís por
ello y lo soportáis con paciencia, esto halla gracia
con Dios. Porque para este propósito habéis sido
llamados, pues también Cristo sufrió por vosotros,
dejándoos ejemplo para que sigáis sus pisadas».

1 Pedro 2:19-21

«Hermanos, no se extrañen si el mundo los odia».

1 Juan 3:13 NVI

«En esto conocemos el amor: en que él puso su vida por nosotros; también nosotros debemos poner nuestras vidas por los hermanos. Pero el que tiene bienes de este mundo, y ve a su hermano en necesidad y cierra su corazón contra él, ¿cómo puede morar el amor de Dios en él? Hijos, no amemos de palabra ni de lengua, sino de hecho y en verdad».

1 Juan 3:16-18

«No temas lo que estás por sufrir. He aquí, el diablo echará a algunos de vosotros en la cárcel para que seáis probados, y tendréis tribulación por diez días. Sé fiel hasta la muerte, y yo te daré la corona de la vida».

Apocalipsis 2:10

SIN ATADURAS

Me encontraba comiendo en São Paulo con el pastor de una congregación prospera. Con palabras de ánimo traté de participar de las cosas emocionantes experiencias que estaban pasando. Interrumpió mi elogio y me dijo: «Sí, pero la iglesia parece un zoológico; muchas iglesias parecen zoológicos. Tomamos todos estos poderosos animales, los sacamos de la jungla y los exhibimos en jaulas. ¿Has visto la película animada de *Madagascar*?» Inmediatamente supe de lo que hablaba.

La película empieza con unos animales «salvajes» que están en un zoológico. Todos los espectadores se maravillan al ver esos animales fuertes y exóticos; el preferido es el león. Los niños enloquecen con él y le aplauden cada vez que ruge. La mayoría de los animales disfruta estar en las instalaciones; ahí los cuidan muy bien, los entrenadores los atienden; les dan todo lo que necesitan; cuidan que sus hábitats, los cuales están meticulosamente diseñados para que sean lo más parecidos a su «ambiente natural», sean seguros y cómodos para los animales.

Pero la cebra sueña que está en su ambiente natural en la jungla, y no puede dejar de pensar que realmente no fue creado para vivir en el zoológico. Debido a su impaciencia, crea una situación que ocasiona que varios animales huyan del zoológico. Después de una gran aventura, terminan en la selva de Madagascar. Es una película muy graciosa porque se trata de animales domesticados que intentan sobrevivir en un ambiente salvaje. Estos animales nacieron para ser libres, con instintos y características físicas necesarias para desarrollarse. Pero el zoológico los hizo dóciles e inútiles para sobrevivir en el mundo salvaje.[1]

Me pregunto si te has sentido como la cebra. Encuentras que has sido un miembro fiel en tu iglesia, pero dentro de ti hay una sensación de que fuiste creado para hacer más. Tal vez hayas experimentado lo que es vivir en el mundo salvaje; ya sea en un viaje misionero trasatlántico, o compartiendo la Palabra con denuedo con tus vecinos. Conoces el gozo de ver como prosperas con el uso de tus instintos. Pero ahora estás atrapado en un zoológico, donde todo es muy cómodo y todo se encuentra bajo control. Y lo único que quieres, es volver a vivir en el ambiente salvaje.

LECCIONES DEL ORIENTE

Durante la participación de un desayuno para pastores en Seúl, un pastor de una iglesia de setenta mil personas me preguntó: «¿Cómo puedo hacer para que mi gente salga de la iglesia y viva por fe?» Me explicó que se había convertido en un experto en reunir a multitudes, lo que ahora quería era dispersarlos para que vivan por fe y compartan el evangelio, pero estaban todos tan cómodos que no se quería ir.

Otro pastor de una iglesia más pequeña (de *solamente* cuarenta mil personas), me explicó que el pastor fundador de su iglesia, le dijo a la congregación que no se quedara más de cinco años. Este pastor deducía que después de este tiempo ya no habría nada más que pudieran aprender de él. Y así como cuando un adolescente cumple los dieciocho años, sería tiempo de que comenzaran un nuevo viaje; pero se toparon con un problema: cuando la gente se sintió cómoda en el zoológico, se negaron a irse. De hecho, ya no se sentían capaces de sobrevivir fuera del zoológico.

Estuve en Beijing predicando a pastores quienes anteriormente lideraban iglesias clandestinas. Con la opresión en disminución en China, ha existido más libertad y varias iglesias se han hecho públicas. Lograron alquilar edificios y celebrar servicios regulares así como lo hacemos en Estados Unidos. Les fue muy bien pero con el tiempo estos pastores se desanimaron. Desearía poder expresar la frustración y la desesperación que había en sus voces. Hablaban de los buenos tiempos, cuando la gente arriesgaba sus vidas compartiendo el evangelio y, hacían discípulos. Pero ahora, estos pastores lamentaban la manera en la que gente asistía a los servicios, esperando que los líderes los alimentaran y los atendieran. En Corea habían visto esta misma actitud y les aterraba pensar que les sucediera lo mismo. Lo que la gente quería era: un Jesús y una iglesia cómoda que supliera sus necesidades. Lo que comenzó como un ideología, se convirtió en un grupo de gente sentada cómodamente durante los servicios.

Mi mente se transportó cinco años atrás, a un servicio al cual asistimos con mi hija, de la iglesia clandestina en China. Los jóvenes oraban apasionadamente, rogándole a Dios que los enviara a los lugares más peligrosos; ¡esperaban morir como mártires! Nunca había visto algo así. Recuerdo la pasión por Jesús que tenía esa iglesia. Sus anécdotas de persecución, me dejaron pasmado, y les pedí que me contaran más. Me preguntaron por qué estaba tan interesado; les dije que las iglesias en Estados Unidos son muy diferentes. Fue vergonzoso tratar de explicarles que la gente se reúne una vez a la semana, por noventa minutos en un edificio que llamamos «iglesia». Les conté la tendencia de la gente de cambiar de iglesia en busca de mejor enseñanza, mejor música, mejor cuidado de niños. A medida que les narraba la vida del creyente en Estados Unidos, las risas empezaron y terminaron en carcajadas. Me sentí como un comediante, aunque solo les describía la iglesia en Estados Unidos, según mi experiencia. Encontraron muy gracioso que leyendo las mismas Escrituras que ellos, tuviéramos un comportamiento tan incongruente.

Conversando con un pastor de Filipinas, cuya iglesia tiene más de treinta mil miembros, me dijo que solía enviar misioneros a los Estados Unidos para capacitarlos, pero que ya no comete ese error. que recibieran entrenamiento bíblico, pero que jamás volvería a cometer ese error. Me explicó que, después de estar en Estados Unidos y experimentar la comodidad, los candidatos a misioneros se negaban a regresar, más bien buscaban excusas para quedarse a vivir en el país recibiendo un sueldo de la iglesia.

A veces, se necesita de un extraño señalando los problemas tan evidentes, los cuales hemos optado por ignorar. Este pastor ahora entrena a los misioneros en las Filipinas en un ambiente donde no hay más tentación ni comodidades, sino que los mantiene enfocados en la misión; en el ambiente salvaje.

¿PODER FORTUITO?

Cuando la Biblia describe el poder que tienes a tu disposición parece tan extremo, una hipérbole. Sin embargo, no vemos la manifestación ni en forma individual, ni en la iglesia. Esta discrepancia pudiera desafiar nuestra fe en las Escrituras; ¿cómo es que la Biblia promete cosas que nunca hemos experimentado? Pero, ¿estás dispuesto a considerar que la Biblia es precisa, y que la iglesia nos ha domesticado a tal grado, que hasta dudamos de nuestro poder?

Tal vez estamos tan cómodos en el zoológico, que descartamos «el mundo salvaje» como si se tratara de un mito. ¿Estamos seguros de que nuestras iglesias no son zoológicos?

En lugar de producir misioneros poderosos y valientes, que van hasta los confines de la tierra, tenemos a individuos de treinta y tantos años, que aún viven en la casa de sus padres y se quejan porque no hay un grupo para solteros. Después de todo, ¿cómo podría, un soltero cristiano, sobrevivir fuera de la jaula de los solteros, donde se le alimenta una vez por semana? Estamos muy ocupados enfatizando que Dios quiere que vivamos seguros, y buscando a Dios con la misma actitud que tendríamos si nuestra única preocupación fuesen la comodidad y la felicidad.

Querida iglesia; la solución no es construir jaulas más grandes y elegantes, tampoco es renovar las misma jaulas para que se parezcan al «ambiente natural». Es hora de abrir las jaulas y recordarles a los animales de los instintos y capacidades que Dios depositó en ellos. Alan Hirsch dijo: «Hay muchas iglesias, donde la misión de la misma se ha convertido en mantenerse como institución».[2] La manera de acabar con la mentalidad de víctima, no es dándoles más, sino enviándolos.

«[Mi oración es que sepáis] cuál es la extraordinaria
grandeza de su poder para con nosotros los que creemos,
conforme a la eficacia de la fuerza de su poder. El
cual obró en Cristo cuando le resucitó de entre los
muertos y le sentó a su diestra en los lugares celestiales,
muy por encima de todo principado, autoridad,
poder, dominio y de todo nombre que se nombra,
no sólo en este siglo sino también en el venidero».

Efesios 1:19-21

Examina bien las palabras «extraordinaria grandeza de su poder» (v. 19). ¿Cuándo fue la última vez que alguien te recordó esta verdad? Es similar a lo que Pablo dijo en la carta a los Efesios 3:20: «Y aquel que es poderoso para hacer todo mucho más abundantemente de lo que pedimos o entendemos, según el poder que obra en nosotros».

Nombra a tres personas que conoces y que viven como si realmente creyeran este versículo.

Esto se escribió para todos nosotros; pero no podemos simplemente enseñar en un sermón. Esta clase de fe requiere de oración verdadera. Necesitamos pasar menos tiempo atendiendo las necesidades de los demás, y más tiempo orando la oración de Pablo que vemos en Efesios 1 y 3. Necesitamos más enseñanza sólida de la Biblia para recordarle a la gente estas profundas verdades, para que así, no se refugien en los placeres superficiales o se aferren a las comodidades habituales.

Tenemos capacidad para hacer mucho más. Somos como bestias feroces que fueron creadas para andar en su ambiente salvaje. Cuando nos reunimos como iglesia, se supone que deberíamos «estimularnos al amor y a las buenas obras» (Hebreos 10:24). No me malinterpretes; es entretenido observar a un león comer un trozo de carne que el encargado del zoológico le dio, pero es muy aburrido si lo comparamos con un león cazando su presa en la jungla. Es hora de preparar a la gente para que vivan de nuevo en el ambiente salvaje. Aún, nuestras reuniones deberían ser salvajes (pero manteniendo el orden). Puedes leer lo que pasaba con la iglesia en Hechos y 1 Corintios 12-14. Se les pedía mantener el orden, pero Dios estaba haciendo cosas muy insólitas a través de la iglesia.

¿Cómo describirías las reuniones de tu iglesia? Supongo que, *salvaje* no es el adjetivo que usarías.

MANTENGA A LOS NIÑOS ALEJADOS

Nunca lo he dicho en voz alta, pero sí pusimos un letrero en la entrada de la iglesia diciendo que, no se permiten niños menores de cinco años en el santuario. Animamos a los niños menores de doce años para que participen en los programas de niños, no de los adultos. Creo que mis motivos eran correctos; no quería que los bebés y niños pequeños nos distrajeran, y sentía que los niños podían obtener mejor beneficio en clases específicamente diseñadas para ellos. Aún creo que debemos considerar esos factores, pero, existen otros factores.

Si el Espíritu Santo entra a morar en la persona al momento de salvación, entonces, ¿los niños creyentes reciben la versión completa del Espíritu Santo? De ser así, ¿también ellos tienen dones para edificar al cuerpo? Notemos las enérgicas palabras que usó Jesús al hablar acerca de los niños en Mateo 18.

Después de decirles a los discípulos que permitieran a los niños acercarse a él, Jesús hizo las siguientes declaraciones. Me imagino a los niños rodeándolo, tal vez uno o dos sentados en sus piernas mientras él enseñaba a los adultos: «Si no os volvéis y os hacéis como niños, no entraréis en el reino de los cielos» (v. 3).

No creo que puedas hacer una declaración más fuerte que esa. Esto debería de hacernos temblar en lugar de producir ternura porque se trata de un lindo versículo acerca de los niños. Si nuestra entrada al cielo está ajustada a nuestro parecido con los niños, ¿no deberíamos prestar más atención a los niños para imitarlos? Jesús continuó, diciendo:

«Así que, cualquiera que se humille como este niño, éste es el mayor en el reino de los cielos. Y cualquiera que reciba en mi nombre a un niño como este, a mí me recibe. Y cualquiera que haga tropezar a alguno de estos pequeños que creen en mí, mejor le fuera que

se le colgase al cuello una piedra de molino de asno,
y que se le hundiese en lo profundo del mar».

Mateo 18:4-6

El lenguaje que usó Jesús no podría ser más severo; y lo hizo así para hablar contra los que maltratan, y subestiman a los niños.

Jesús dijo: «Mirad que no menospreciéis a uno de estos pequeños; porque os digo que sus ángeles en los cielos ven siempre el rostro de mi Padre que está en los cielos» (v. 10). Existe un debate en cuanto a lo que quiso decir con «sus ángeles», pero, independientemente de su significado exacto, esta es una advertencia muy seria para las personas como yo, que nos irritamos fácilmente con los niños desobedientes.

Jesús insistió: «No es la voluntad de vuestro Padre que está en los cielos, que se pierda uno de estos pequeños» (v. 14). Justo antes de que Jesús dijera esto, habló acerca de la oveja descarriada, en lugar de las noventa y nueve que se encontraban seguras en el redil. Lee el contexto; ¿sabias que estaba hablando de los niños en este pasaje?

Dios valora a los niños y el papel que ellos tienen en su reino, mucho más de lo que lo hacemos nosotros. Debemos arrepentirnos y procurar valorar al máximo su contribución, pues Dios no los ve como una inconveniencia o una obligación. En lo que a nosotros respecta, estos pasajes nos han llevado a involucrar a los niños en nuestras reuniones, y los resultados han sido fabulosos. Escuchar a los niños hablar acerca de lo que aprendieron de sus devocionales es algo muy alentador. Poner a los niños a orar por los adultos ha sido una experiencia intensa y afable. La fe con la que oran, y la sencillez al compartir, logra algo que los adultos no podemos conseguir.

LECCIONES DESDE ÁFRICA

Mi amiga Jen, dirige un ministerio en África que actualmente se encarga de discipular a más de 250.000 niños a la semana. Estos niños van a lugares donde hay personas marginadas, para sanar enfermos y a predicar el evangelio, ¡niños! El año pasado (2017), estos niños compartieron el evangelio a 169 grupos de personas discriminadas. Comparten el evangelio en lugares donde misioneros adultos han sido asesinados por predicar. Estas obras, Dios las hace a través de los niños, no podríamos imaginar que hiciera lo mismo a través nuestro.

Jen me cuenta cómo estos niños fueron a un pueblo donde había una densa oscuridad espiritual. Los niños del pueblo morían de manera misteriosa cada semana, y sin razón aparente. Pero estos pequeños tomaron la valiente decisión de quedarse en el pueblo y oraron durante horas. La situación cambió, gracias a sus oraciones, y las muertes misteriosas dejaron de suceder. Muchas personas del pueblo aceptaron a Jesús. Hay muchas historias de estos niños que con su fe tan sencilla oran por sanidades en el nombre de

Jesús, en medio de antagonistas y musulmanes. ¿No resulta un poco desalentador ver a nuestros niños aprendiendo la historia de Jonás con marionetas y coreografía, mientras estos niños transforman pueblos enteros con su oración? ¿Crees que debemos conformarnos a esto sencillamente por nuestra ubicación geográfica? Puede ser que estemos desperdiciando nuestro recurso más valioso, y puede ser que estemos tratando a nuestros mejores activos, como obligaciones.

LIBEREN A LOS NIÑOS

Necesitamos recordarles a nuestros niños de su poder. Tal vez, porque no esperamos nada de los niños más pequeños, en la iglesia tenemos la misma actitud con los niños de edad escolar. Los educamos como si su único objetivo es abstenerse del sexo y el alcohol. Luego, cuando son jóvenes de nivel bachillerato, tratamos de entretenerlos para que no dejen de asistir. ¡Nada que ver con la oveja descarriada! Podemos seguir haciendo las cosas de la misma manera, pero tal vez debamos dar más libertad y menos domesticación. ¿Qué sucedería si entrenamos a nuestros leoncillos para atacar en lugar de mantenerlos protegidos? Es hora de que obedezcamos las palabras de Jesús y aprendamos de nuestros niños.

He sido padre el tiempo suficiente para saber que no existe el consejo perfecto que se adapte a la correcta educación de los hijos. Ser padre es una de las cosas más difíciles, así que, quisiera que comprendieras que no estoy diciendo que lo sé todo; solamente quiero aportar mi granito de arena. Mis hijos me sorprenden, y no me atrevo a adjudicarme el crédito por la fe que tienen o por sus logros, ya que, todo lo bueno de mis hijos se lo debo absolutamente a la gracia de Dios y al poder del Espíritu Santo obrando en ellos. Esto lo creo y le agradezco a Dios por salvar a mis hijos y darles de su poder.

Habiendo dicho esto, ha habido una clara tendencia entre los padres cristianos, hacia la educación en casa. Y no estoy diciendo que está mal. Todos mis hijos han asistido, hasta ahora, a escuelas públicas, aunque esto no significa que continuarán de la misma manera. Sólo quiero señalar que, he visto a Dios usando a mis hijos de manera poderosa en el colegio, más allá de guardar su virginidad o evitar el consumo de alcohol y de drogas, el Espíritu los ha usado maravillosamente. Los hemos visto compartir el evangelio, guiando a sus amigos a los pies de Jesús y defendiendo la verdad ante sus compañeros de clase. Han desafiado a sus maestros, e incluso, han invitado a varios de ellos a la iglesia. Nada de esto debería sorprendernos, si creemos en el Espíritu Santo.

Algunos dirán que es injusto enviar a un niño al colegio púbico. Lo comparan a lanzar a un niño a un río de aguas salvajes para que aprenda a nadar; es imposible e injusto. Esto da lugar a pensar que el Espíritu Santo tiene poder limitado, o nulo, en nuestras vidas. He elegido considerar a mis hijos como nadadores olímpicos. Les digo que son misioneros en su colegio, y que pueden confiar en el poder del Espíritu Santo para vencer los desafíos e influenciar a quienes los rodean. Mi deseo es que al entrenarlos a depender del Espíritu Santo, esto les ayude a estar en medio de un grupo de personas marginadas, o en medio de una empresa prominente.

Reitero, no estoy recomendando que deberían enviar a sus hijos a colegios públicos; tampoco estoy diciendo que debamos ponerlos en riesgo. Me pregunto si nuestro hábito de subestimar el poder de Dios en ellos, es la mentalidad que estamos inculcando y que afectará el resto de sus vidas. Tal vez nuestra incapacidad sea un producto del tiempo.

LIBEREN A LA GENTE

Al escribir acerca de los niños, en realidad, no me estoy refiriendo exclusivamente a los niños. Nuestros niños son, simplemente, un ejemplo concreto de cómo funciona la iglesia; los subestimamos y tenemos temor de lo que podría suceder si les damos libertad, así que los mantenemos entretenidos, educados y aislados. ¿Hay alguna diferencia en nuestro trato a los miembros la iglesia?

En realidad, cuando establecemos la iglesia bajo esta estructura, no solamente subestimamos a los niños y a los miembros, ¡sino también al Espíritu Santo! Hemos fundado iglesias modernas asumiendo que Dios obra a través del reducido número de personas talentosas, ricas e impresionantes, mientras que a todos los demás les damos un lugar cómodo para sentarse, desde donde puedan ser bendecidos por medio de lo que hace Dios a través de estos líderes influyentes.

Honestamente creo que, nosotros, los de la iglesia en Estados Unidos, necesitamos postrados de rodillas y arrepentirnos de la actitud condescendiente hacia el Espíritu Santo de Dios. Hemos leído claras afirmaciones en las Escrituras de que el Espíritu se manifiesta a través de todos los creyentes, pero hemos decidido que nuestra idea es mejor; que toda esta gente no está lista para tal responsabilidad, y que tendremos resultados más efectivos si las personas talentosas se encargan de todo el trabajo. No creemos que el Espíritu sea capaz de trabajar a través de los que nos rodean. Nos consideramos más sabios. ¡Que Dios nos perdone por edificar las como imperios, teniendo nuestra arrogancia como cimiento!

No me malinterpretes, nuestros zoológicos son impresionantes; los animales han aprendido a sentirse a gusto en los hábitats que hemos fabricado. En muchos casos, uno de los miembros en la audiencia puede creer que realmente se encuentra en su jungla. Sin embargo, sabemos que hay algo más; estamos convencidos que no fuimos creados para estar encerrados en jaulas. Dejemos de construir y mantener zoológicos. Es tiempo de que experimentemos lo que significa ser la iglesia la jungla.

ENVIADOS

A unos meses de haber llamado a sus discípulos, Jesús los envió lejos. Esto no quiere decir que ya estaban totalmente capacitados y fueran perfectos, nos enseña que, enviarlos era parte de su entrenamiento. Jesús no les enseñaba en un salón de clases; los discípulos caminaban a su lado, y más tarde él los envió. Jesús esperaba que fueran a proclamar el arrepentimiento, a echar fuera demonios y a sanar (Marcos 6:12-13). Él les dijo que los estaba enviando como ovejas en medio de lobos, y les explicó que serían aborrecidos y perseguidos (Mateo 10:16-22). También, en esa ocasión, Jesús les prometió que él les daría las palabras que decir durante los tiempos de prueba. Estaban siendo enviados a una misión extremadamente peligrosa con un mínimo de entrenamiento.

Tal vez fue por eso, que estos hombres pudieron hacer discípulos alrededor del mundo. ¡Este método es totalmente opuesto al entrenamiento que damos en la actualidad! ¿Deberíamos considerar que, proveyendo comodidad, salones de clases y auditorios con asientos cómodos no es la mejor forma de entrenar líderes arrojados? Consideremos las corrientes que se han dado recientemente en otros países. Todo ha sido gracias a la practica del principio de "entrenar y enviar", el cual es para todos.

Mira las siguientes estadísticas:[3]

- «Un misionero en Asia Oriental reportó: «En noviembre del año 2000, puse en marcha mi plan de tres años. Mi visión consistía en iniciar 200 iglesias nuevas dentro de mi campo misionero, en los siguientes tres años. Sin embargo, cuatro meses después ya habíamos alcanzado la meta. Seis meses después, ¡ya habíamos empezado 360 iglesias y habíamos bautizado a más de 10.000 de nuevos creyentes! Ahora le estoy pidiendo a Dios que ensanche mi visión»».

- «Los cristianos chinos de la provincia de Heilongjiang, plantaron 236 iglesias nuevas en un solo mes». En el año 2002, un movimiento de plantación de iglesias en China, fundó cerca de 15.000 iglesias nuevas y bautizó a 160.000 nuevos creyentes en un año».

- «En la década de 1990, cristianos de América Latina superaron una persecución implacable por parte del gobierno, e incrementaron el número de iglesias, de 235, a más de 4.000 con más de 30.000 personas convertidas y listas para bautizarse.

- «Luego de siglos de hostilidad hacia el cristianismo, muchos musulmanes de Asia Central, están acogiendo el evangelio. En Kazajistán [la década anterior al 2004] más de 13.000 personas se convirtieron, congregándose en más de 300 iglesias nuevas».

- «Un misionero en África reportó: «Nos tomó 30 años poder plantar cuatro iglesias en este país. Hemos comenzado 65 iglesias nuevas en los últimos nueve meses»».

- «En el estado de Madhya Pradesh, en el corazón de la India, un movimiento plantó 4.000 iglesias nuevas en menos de siete años. En otras partes de India, en la década de 1990, la tribu Kui en Orissa, comenzaron cerca de 1.000 iglesias nuevas. En 1999, bautizaron a más de 8.000 nuevos creyentes. Para el 2001, estaban fundando una iglesia nueva cada 24 horas».

- «En las afueras de Mongolia, un movimiento de plantación de iglesias obtuvo una cosecha de más de 10.000 seguidores, mientras que otro movimiento en el interior de Mongolia contó más de 50.000 nuevos creyentes; todo esto durante 1990».

¿No deseamos ser parte de movimientos como estos? Este es el poder que debemos ver entre los creyentes, porque esto concuerda con las Escrituras.

La iglesia fue creada para ser un ejército hermoso que es enviado a iluminar toda la tierra. En lugar de estar escondidos en un refugio, deberíamos estar llevando con arrojo el mensaje de Jesús a los lugares más remotos. El mundo debería estar asombrado al ver que su pueblo tiene un gozo inefable y una paz que sobrepasa todo entendimiento (Filipenses 4:7; 1 Pedro 1:8). Medita en lo que dicen estos pasajes. Estas frases suenan a exageraciones en lugar de expectativas reales. ¿Has observado incredulidad de parte de la gente que ve tu paz absoluta? ¿Eres conocido por ser alguien absurdamente gozoso? A esto, agrega «la supereminente grandeza de su poder» en ti (Efesios 1:19) y nunca más pasarás desapercibido. Hemos intentado atraer a la gente usando estrategias, pero, ¿qué pasaría si vieran un ejército?, de personas que tienen un gozo inefable, una paz que sobrepasa todo entendimiento y una supereminente grandeza de poder, ¿acaso no quedarían intrigados?

La primera iglesia atraía a las personas. ¿Quién no quedaría fascinado?, con un grupo que comparte sus posesiones, se regocija en todo momento, tiene paz más allá de toda comprensión, poder incalculable, que nunca se queja y siempre da gracias. Algunas personas se les unieron, otros los odiaron, pero no fueron ignorados. No hubieran permitido que los ignoraran, ya que compartían el evangelio con gran valentía. Esta es nuestra herencia; está en nuestra esencia. Debemos dejar de crear refugios seguros donde se esconda la gente, y comenzar a desarrollar guerreros audaces para enviarlos lejos.

NUEVAMENTE IGLESIA

Si pudiera regresar en el tiempo y dejarme una nota para la edad de veintitrés años, esto es lo que escribiría:

«Definitivamente, cásate con Lisa, no te arrepentirás».

«Ten muchos hijos y no te preocupes por la mayor; estará bien».

«Conoce a Dios y no simplemente para servirle. Pasas mucho tiempo logrando metas, Dios quiere que disfrutes de su compañía; no es una pérdida de tiempo».

«Cuando comiences tu iglesia, no le copies a los demás; estudia la Biblia con ojos renovados y busca todo lo que él demandó. Serás tentado constantemente a hacer lo que tú quieres o lo que quieren los demás, debes hacer lo que más le agrada a Dios. Los años pasarán volando, más rápido de lo que te imaginas. Estarás cara a cara con Dios más pronto de lo que piensas, así que, no dejes que la gente te persuada de tus convicciones».

Si pudiéramos regresar y revivir los últimos veintitrés años, haríamos las cosas de manera muy diferente. Una de las grandes bendiciones de mi vida es que tuve la oportunidad de empezar de nuevo. Dios me dio la oportunidad de comenzar otra iglesia, y al ser más viejo (y espero más sabio), dirigimos la iglesia de manera muy distinta a lo que hicimos siendo más joven. Aún estamos lejos de ser lo que creo que la iglesia puede llegar a ser, pero estoy disfrutando mucho el proceso.

Mientras que, una parte de mí desea haber hecho las cosas de esta manera desde el principio, también veo cómo Dios usó el camino que tomé para su gloria. En retrospectiva, puedo ver la manera que Dios usó, incluso mi orgullo, para su propósito. Cuando la iglesia *Cornerstone* estaba en crecimiento, algunos pastores trataron de convencerme que, tener iglesias más pequeñas, era una mejor estrategia para cultivar el amor y la obediencia que Dios deseaba. En mi arrogancia pensé: *Dicen eso porque son incapaces de tener iglesias grandes y su visión no es tan grande como la mía. Está bien que quieran ser fieles con los tres talentos que se les entregó, pero yo necesito ser fiel con los ocho o nueve talentos que Dios me dio.* Me da mucha vergüenza admitir esto públicamente, pero tal vez mi confesión ayudará a algunos. Hay una actitud predominante de que, lo mejor que podemos hacer es tener la iglesia más grande que podamos construir. Quizá el camino inexacto que recorrí, pueda disipar la noción de que tener una iglesia pequeña es la opción del menos competente, y logre demostrar en realidad esta es una elección basada en una convicción bíblica y un deseo de alcanzar a las masas.

Di muchas vueltas tratando de decidir si quería escribir este capítulo. Hasta este punto, el libro se ha tratado de conceptos bíblicos absolutos. He tocado problemas de pecado que ninguna iglesia puede darse el lujo de ignorar; son mandamientos claros que vienen directamente de la boca de Dios. Sería una locura que encuentres las fallas y no hagas nada al respecto.

No quiero causar confusión al escribir acerca de mi experiencia actual en la iglesia; pero sé que hay mucha gente que tiene curiosidad de saber cómo empleamos estos mandamientos en los Estados Unidos del siglo veintiuno. El propósito de este capítulo es describir algunas cosas que hemos hecho obedeciendo los mandamientos mencionados en capítulos previos. Esos mandamientos son perfectos y santos, y lo que espero con este libro, es motivarte a cambiar todo lo que sea necesario para que seas obediente a ellos.

Si nuestra iglesia en San Francisco crece a cien mil personas, esto no debería motivarte más, y si decrece a doce personas, no debería motivarte menos. Los mandamientos de Dios son sagrados; salieron de la boca de Dios, y eso debería ser más que suficiente para motivar nuestra búsqueda incansable de la obediencia. Si uno de mis pastores, repentinamente tiene una falta moral (Dios no lo quiera), eso no niega la verdad de todo lo que se ha escrito. Bueno, creo que he dado suficientes advertencias, pienso que se ha captado el punto.

LA ESTRUCTURA ES IMPORTANTE

El Nuevo Testamento evita establecer un modelo preciso de cómo debe estar estructurada la iglesia. Los autores bíblicos pudieron haber sido claros al respecto, sin embargo, nos dan mucha libertad en el tema. Creo que esto es importante, y es parte de la preservación del misterio de la iglesia.

Esto no significa que la estructura no importe. A través de los años, al atender y pastorear iglesias he aprendido que debemos ser intencionales en la forma en la que estructuramos la iglesia, ya que esto dictamina la dirección que seguirá la iglesia. Una estructura sólida y bíblica es absolutamente necesaria para evitar que nos extraviemos.

A menudo, tu modelo de iglesia expresa tu verdadera teología. Al reexaminar lo que la iglesia debería de ser, Tim Chester y Steve Timmis, tomaron prestado el concepto de «estructuras herejes» de John Stott. Así es como funciona: Yo asumo que, la declaración doctrinal de tu iglesia dice algo acerca de que todos los creyentes usan sus dones espirituales para manifestar el Espíritu Santo; esa es una buena teología. Pero, déjame preguntarte: ¿La estructura de tu iglesia transmite una teología diferente? La estructura de tu iglesia, ¿demuestra que los dones de cada creyente son importantes?, ¿o sugiere que solamente importan los dones del pastor, de los líderes de alabanza y los de algunos músicos? Si es así, están funcionando bajo una estructura hereje. Tu estructura hereje habla más que tu declaración teológica ortodoxa. «La teología que verdaderamente importa, no es la teología que profesamos, sino la que practicamos».[1]

Conozco personas que creen necesario adoptar ciertas tradiciones modernas. La realidad es que, algunas de estas prácticas opcionales, pueden estorbar a la iglesia a poner en práctica los principios bíblicos que fueron establecidos para moldearla. Hay elementos en las iglesias modernas que, en la superficie parecieran buenas ideas; pero en realidad anulan la visión bíblica de la unidad, la verdadera comunión, el amor mutuo y la búsqueda de la misión. Hay muchos que teniendo en cuenta estos elementos afirman que no es posible lograr una iglesia así.

MÁS ESPACIO PARA DIOS

Mientras escribo esto, mi esposa se encuentra, en la cochera. Puedo escucharla limpiando las repisas de las cosas que hemos acumulado en los últimos años. Me encanta cuando depuramos la casa. A veces, hasta puedo sentir que respiro mejor cuando nos deshacemos de los objetos almacenados. Tal vez hayas visto algún episodio de «*Lo guardo por si acaso*», es sofocante ver que la gente acumula tanta basura, ni pueden caminar en sus propias casas. ¿Alguna vez te has sentido sofocado por todas las actividades cristianas? Algo dentro de ti anhela tener espacio para respirar; tener más espacio para que Dios se mueva en libertad.

Fuimos de vacaciones con toda mi familia, pasamos cuatro días en una cabaña en medio de la nieve. Para nuestras vacaciones, puse una regla: nada de aparatos electrónicos; teléfonos, video juegos, televisión o computadoras. Ya sé lo que algunos están pensando: *¿Cómo sobrevivieron? ¿Cómo lograste convencer a tu familia a vivir cuatro días en la era prehistórica?* Bueno, mi regla no fue recibida con aplausos y celebración, pero conocían las intenciones de papá. Como era de esperarse, la ausencia de aparatos electrónicos nos forzó a buscar entretenimiento. Pasamos días jugando con bolas de nieve, paseos en trineo, fogatas, juegos de mesa, hablando, riendo—todo lo que los humanos solíamos hacer antes de descubrir los teléfonos inteligentes. Y probablemente adivinaste, pasamos un tiempo estupendo y volvimos a casa más unidos como familia. De hecho, algunos de mis hijos sugirieron hacer lo mismo ¡cada temporada vacacional!

Creo que nos sorprendería todo lo que podemos lograr si tuviéramos menos. Imagina que la iglesia depurara todo, hasta quedarse solamente con un grupo de personas que tienen una Biblia, un vaso y un poco de pan. Para algunos, esto suena tedioso; mientras que para otros suena ideal. Muchos alrededor del mundo, lo experimentan y les encanta. Una experiencia más sencilla en la iglesia nos beneficiaría; nos llevaría a tener una relación más profunda y una dependencia más fuerte en Dios. Tal vez descubramos que las cosas que añadimos para mejorar la iglesia, son las mismas que desplazaron a Dios.

Algunos de los complementos nacieron por nuestra falta de fe; en realidad, no esperamos que Dios se mueva, así que, decidimos llenar nuestras reuniones de elementos emocionantes para entretener a la iglesia por si Dios no hace nada. A la larga esto no funcionará; eventualmente la gente dejará de emocionarse con actividades que encuentra en cualquier sala de cine, después de todo a la iglesia vinieron a buscar algo sobrenatural. No temas el silencio, no tengas miedo de tener reuniones que resulten aburridas si Dios no se manifiesta. Días de oración juntos en el aposento alto requieren fe y paciencia, pero los resultados valen la inversión. Debemos dejar de pensar que lo grande y complejo es mejor que lo pequeño y sencillo. No podemos seguir incrementando la producción para sustituir las expresiones genuinas del Espíritu por medio de personas ordinarias e inexpertas.

SOMOS LOS COMIENZOS DE LA IGLESIA

En el año 2013, reuní a veinte personas en mi casa; no tenía un plan detallado, solamente contaba con mucha convicción. En nuestra primera reunión dije que quería que nos enfocáramos en buscar todo lo que leí en el Nuevo Testamento. Quería ver un profundo amor familiar, y que todos usáramos nuestros dones. Dejé claro que yo no siempre sería el pastor. En cambio, les dije, durante los seis a doce meses que dirigiría la iglesia, estaría instruyendo a cuatro personas para ayudarles a convertirse en pastores listos para liderar. De esta forma cuando nuestra iglesia se multiplicara en dos, cada una estaría liderada por dos equipos de dos.

Llegamos a ser una familia tan unida, que ninguno disfrutaba del momento de la multiplicación porque nadie quería separarse. Pero entendimos que esto era necesario para poder producir y desarrollar más líderes.

A través de los años, hemos hecho muchos cambios, y vienen aún más. La iglesia está en constante cambio, sin embargo los diáconos nos mantienen enfocados en los valores fundamentales, esto es, básicamente, lo que nos hemos esforzado en producir.

Adoradores devotos. Queremos ser personas comprometidas a adorar a Dios; personas que siempre quieran más de él, no personas que solamente lo adoran cuando les conviene, o cuando la persona correcta está dirigiendo la alabanza. Lo que nos debe emocionar al adorar, es el *razón* de nuestra adoración.

Familias amorosas. Queremos ser personas que se amen profundamente, demostrando nuestro amor a través de las acciones desinteresadas que hacemos el uno por el otro. Nuestra meta no es simplemente llevarnos bien, sino amarnos así como Cristo nos amó, y estar tan unidos, así como lo están el Padre y el Hijo.

Discípulos capacitados. Queremos que todos estén capacitados para hacer discípulos. Nadie debe venir con actitud consumista, deben llegar con una conducta de servidor dispuestos a usar sus talentos para edificar el cuerpo.

Misioneros llenos del Espíritu. Queremos ser personas con un carácter sobrenatural, que comparten regularmente el evangelio con sus vecinos y compañeros de trabajo. Algunos viajarán a países lejanos, donde no han escuchado de Cristo, mientras que otros apoyarán a los que son enviados.

Residentes pasajeros. Queremos ser personas que ansían el regreso de Cristo. Estamos dispuestos, y queremos sufrir, pues creemos en la recompensa celestial. No andamos en busca de comodidad, prosperamos en las dificultades, renunciamos a ser ciudadanos de esta tierra.

Esto es lo que buscamos como iglesia, no queremos quedar atrapados en nada que nos pueda distraer. Por esa razón, tenemos algunas actividades diarias y semanales, como lo mencioné anteriormente, la estructura es importante. Es fácil presentar nuestros valores, pero, a menos que establezcamos actividades semanales y dejemos todo lo que nos distrae, nunca llegaremos a ser la iglesia que anhelamos.

A continuación algunas de las actividades que nos han ayudado a alcanzar nuestros valores.

Lectura bíblica diaria. Queremos que las personas se apasionen por Jesús. Creemos que la manera más objetiva para lograr esto, es pasando tiempo a solas con Dios y leyendo a diario las Escrituras. Nuestros miembros siguen el mismo plan de lectura, lo cual nos permite intercambiar lo que aprendemos de las Escrituras de manera diaria.[2]

Reuniones en casa. Hay más de cincuenta mandamientos que mencionan «el uno al otro», los cuales nos estimulan a cuidarnos de manera sobrenatural. Dios desea que tengamos relaciones significativas; por esta razón, mantenemos pequeñas nuestras iglesias (de diez a veinte personas). Reunirse en la casa crea una atmósfera familiar, de este modo, todos se conocen y usan sus dones para beneficiarse mutuamente.

Reproduciendo líderes. En Lucas 10:2, Jesús les dijo a sus discípulos que oraran para que Dios enviara más obreros al mundo. Por este motivo, oramos y constantemente capacitamos a nuevos pastores y diáconos. Cada iglesia tiene dos pastores, quienes a su vez, entrenan a futuros pastores para el siguiente establecimiento de iglesias. Los pastores son los padres espirituales de nuestra congregación, y tienen la responsabilidad al igual que la autoridad.

La autoridad de los diáconos y ancianos. Algunos hemos tenido experiencias de iglesias en la casa, donde el líder se rebela contra la autoridad y hace lo que mejor le parece. Eso no es saludable y el tamaño de la iglesia no está relacionado con este punto. Dios diseñó a su iglesia para funcionar bajo el liderazgo de diáconos humildes y orientados al servicio (1 Pedro 5:1-4). En este tiempo, cuando todos critican la autoridad, Dios nos llama a mostrarle al mundo algo diferente: personas que aman tener un Rey y que con gusto siguen a líderes consagrados.

Todos instruidos. Es responsabilidad de la iglesia que todos sus miembros maduren (Efesios 4:11-16). Jesús nos puso un maravilloso ejemplo de vida en su forma de vivir con sus discípulos. Sabemos que cada miembro está siendo guiado por otro creyente con más madurez, guiándolo también a la madurez y a la santidad.

Todos instruyen. Jesús primero resucitó de los muertos, y luego mandó a sus seguidores a hacer discípulos (Mateo 28:16-20). Él los envió a compartir las buenas nuevas con todos aquellos que no lo conocían, enseñándoles a obedecer sus mandamientos. Queremos que todos nuestros miembros compartan el evangelio con lo que no creen, y que les enseñen también a hacer discípulos.

Todos ejercitan sus dones. Pablo dijo: «Pero a cada uno se le da la manifestación del Espíritu para el bien común» (1 Corintios 12:7). Luego, prosiguió a dar una lista de varios dones enfatizando la importancia de cada miembro. Nosotros creamos un espacio para que todos contribuyan, tanto en las reuniones, como en la vida diaria. Es nuestro objetivo que todos participen, y que cada miembro bendiga a los demás con sus dones.

Multiplicación de iglesias de manera regular. Debemos permanecer enfocados en alcanzar a todos para Cristo (Hechos 1:8). Es muy fácil, para las iglesias en casa, ser egoístas en lugar de ser misioneras, ya que por naturaleza, buscamos la comodidad. El objetivo de nuestras iglesias es multiplicarse anualmente para así mantener una presión saludable en la multiplicación de líderes y personas evangelizadas. Seamos sinceros: sin objetivos no se logra nada.

Reuniones sencillas. La iglesia primitiva «se dedicaban continuamente a las enseñanzas de los apóstoles, a la comunión, al partimiento del pan y a la oración» (Hechos 2:42). Nosotros deseamos lo mismo; queremos que los creyentes se emocionen al partir el pan y que se maravillen del misterio de su cuerpo. Queremos que la gente se entusiasme al venir en oración delante de un Dios santo. De manera que, nos esforzamos mucho para no añadir elementos a nuestras reuniones que pudieran distraernos de nuestro objetivo.

Posesiones en común. «Todos los que habían creído estaban juntos, y tenían en común todas las cosas; y vendían sus propiedades y sus bienes, y lo repartían a todos según la necesidad de cada uno» (Hechos 2:44-45). La iglesia primitiva era conocida porque sus miembros se preocupaban entre si; se enfocaban en la eternidad y le restaban importancia a las posesiones terrenales. Nosotros, gozosamente compartimos nuestros bienes en la comunidad local y global, según sea la necesidad (2 Corintios 8:1-15).

Asumiendo la tarea de las misiones. Dios desea ser adorado por todas las naciones y en todas las lenguas (Apocalipsis 7:9-10). Todavía hay millones de personas que nunca han escuchado el evangelio[3]; por esta razón, les pedimos a todos que consideren ir a los grupos marginados. En lugar de dar por hecho que te quedarás donde estás hasta que escuches la voz de Dios, me parece más bíblico dar por hecho que irás, a menos que Dios te haya pedido que te quedes.

No creo que hayamos encontrado *la* solución para la iglesia del futuro; encontramos *una* solución. Sin embargo, gracias a los cambios que hemos implementado, la congregación se asemeja a la iglesia del Nuevo Testamento. De nuevo, no estoy tratando de imponer el modelo con el que estamos trabajando, pero sí creo que todos nos beneficiaríamos al tener una forma de pensar innovadora que nos retorne a los fundamentos. Olvídate de «lo que siempre hemos hecho», y pregúntale a Dios qué reflejo de la iglesia quiere él ver en nuestro contorno.

¿POR QUÉ PEQUEÑOS?

Creo que Dios está dirigiendo un movimiento, por lo menos en este país, hacia reuniones más pequeñas y sencillas; y yo anhelo ver avanzar este movimiento. Me emociona soñar con el crecimiento de la iglesia por medio de pequeñas y poderosas expresiones que reflejen la naturaleza de la iglesia primitiva. Mi meta es inspirarte a ti a soñar lo mismo.

Recientemente, el presidente de una agencia de misiones muy conocida, compartía su preocupación en cuanto al estado actual de las misiones. Su inquietud es que practicamos métodos obsoletos para alcanzar a grupos marginados que evolucionaron con el tiempo. ¿Por qué seguimos capacitando y entrenando a misioneros para que construyan iglesias, cuando, la mayoría de las personas que no son salvas, viven en países donde no hay libertad de expresión religiosa? El director de misiones compartía la necesidad tan urgente que hay de que los cristianos tengan influencia en los países cerrados al evangelio. La única forma de que esto suceda es ensanchando nuestra experiencia de iglesia. Nuestros parámetros para la iglesia deben revertir a lo que dice la Biblia, en lugar de apegarnos a lo que es normal en la cultura actual. Si seguimos promoviendo un modelo en donde las personas abarrotan el edificio y se congregan atraídos por el predicador, ¿cómo pretendemos entonces, alcanzar a las millones de personas que viven en lugares donde este modelo de iglesia es prohibido?

Si para alcanzar a un país, nuestros misioneros deben rechazar todo lo que les hemos enseñado acerca de la iglesia ¿estamos seguros que estamos haciendo lo mejor? Ya sea que creas o no que las reuniones pequeñas son el mejor método para plantar iglesias en los Estados Unidos; es un hecho que casi todos están de acuerdo que esta es la única manera de plantar iglesias en muchos países. Pero, ¿cómo esperas enviar personas exitosas a plantar iglesias, si su única experiencia es el modelo tradicional de iglesia?

UN CASO PARA IGLESIABNB

Un líder con el que hablé, usó como ilustración la cadena de hoteles Hyatt. En el año 2015, el Hyatt tenía 97.000 empleados.[4] En contraste, la empresa *Airbnb* tenía 2.300 empleados[5] aún así, ¡*Airbnb* tenía disponibles muchas más habitaciones que el Hyatt! De hecho, tres años después, tenían más habitaciones disponibles que las cinco cadenas de hoteles más grandes.[6] ¿Cómo hicieron? Pusieron la industria hotelera en manos de personas comunes. No todos tienen la capacidad de conseguir decenas de millones de dólares para comprar un terreno y construir un hotel de lujo; pero todo el que tenga un teléfono inteligente, puede alquilar una habitación en su propia casa. ¡Esta empresa creció rápidamente a cuatro millones de cuartos disponibles, sin haber tenido que construir una sola habitación!

La iglesia necesita aprender de este modelo. Cuando te encuentras atrapado en una estructura o modelo antiguo, cualquier alternativa parece una burla. Sin embargo, la historia está llena de modelos, compañías e invenciones, los cuales se volvieron obsoletos de la noche a la mañana porque alguien más ideó hacer las cosas de una forma revolucionaria. Los nuevos métodos siempre parecen más sencillos y más eficientes, con menos barreras para implementarlos.

Entonces, ¿cómo sería una revolución en la iglesia? ¿Cuáles son las ineficiencias y los aditamentos innecesarios que nos han cegado e imposibilitado? ¿Qué pasaría si ponemos la iglesia de vuelta en las manos de cristianos ordinarios? ¿Podríamos ver un crecimiento insuperable, a una fracción del costo? ¿Será posible la iglesiabnb?

Yo sí creo que es posible, pues ha estado pasando en países lejanos y, dentro de los Estados Unidos se ha ido incrementando. En San Francisco, lo hemos estado experimentando con iglesias que son dirigidas por cristianos que tienen empleos de tiempo completo. Son profesionales en sus áreas de trabajo que a la vez pastorean iglesias pequeñas en sus hogares. Estos líderes, ahora pueden ser trasplantados a cualquier parte del mundo, sin tener la necesidad de recaudar fondos para su mantenimiento pues saben trabajar y liderar al mismo tiempo. Saben cómo trabajar de manera excelente, a la vez que encuentran en su área laboral un ambiente natural donde entablar amistades con aquellos que no conocen a

Jesús. Esto es una buena posibilidad para cualquier ciudad de Estados Unidos y en cualquier ciudad del mundo. No solamente hemos visto que es posible la iglesiabnb, sino que también, provee una solución práctica a muchos problemas que enfrenta el modelo de iglesia tradicional.

EL CAPACIDAD DE CRECIMIENTO Y LA LIBERTAD PARA MENGUAR

Los edificios limitan el crecimiento de la iglesia. Si Dios desea moverse de manera poderosa y salvar a miles, no habrá cupo para ellos. Los edificios también limitan la habilidad de una iglesia para menguar. Si Dios decide podar la iglesia, ya no podremos cubrir los gastos. Si el modelo de nuestra iglesia solamente permite que Dios obre en un cierto espacio muy estrecho, algo anda mal. No se imaginan la libertad que se disfruta al no tener que preocuparse por sueldos o el riesgo de liderar una iglesia grande. Nuestro objetivo es dividir la iglesia tan pronto llegamos a 20 personas.

Recuerdo cuando *Cornerstone* se mudó de un santuario con capacidad para doscientas personas, a un santuario con capacidad para cuatrocientas personas; fue un momento emocionante. Nos acomodábamos perfectamente en dos servicios, pero eso duró unos meses. Luego, añadimos un tercer servicio, después un cuarto servicio, y un quinto, y un sexto y después tuvimos trasmisión satelital. En menos de un año estábamos buscando más terreno o una manera de ampliar nuestras instalaciones.

Después de años de trabajar con el gobierno municipal y recaudar fondos para construir un santuario con capacidad para mil personas, nos mudamos; fue un momento emotivo. Cabíamos cómodamente en dos servicios, pero eso duró unos meses. Luego, añadimos un tercer servicio, luego un cuarto servicio, y un quinto…

¿Te suena familiar?

Cada vez que pasábamos por esto, pensaba: *¡Jesús nunca lo hubiera hecho de esta forma!* ¿Hubiera él detenido el crecimiento del reino hasta poder encontrar otro terreno, mitigar a las autoridades municipales, recaudar fondos y construir un nuevo edificio? Para mí jamás tuvo sentido, pero en ese tiempo no podía pensar en otras opciones.

Eventualmente decidimos comprar un terreno enorme y comenzamos a planear un auditorio con capacidad para tres mil personas, pero después, me vino a la mente otro problema; ¿Qué sucede si gastamos una fortuna para construir un santuario monumental y no llegan las miles de personas? ¿Cómo podremos cubrir los gastos? ¿Me sentiré presionado a mantener lleno el auditorio para contar con un buen presupuesto? Luego, mi ego se añadió a la ecuación; no me gusta ver asientos vacíos. ¿Me obligará a evitar temas controversiales y volverme más político? Pablo le dijo a Timoteo: «Porque vendrá el tiempo cuando no soportarán la sana doctrina, sino que teniendo comezón de oídos, acumularán para sí maestros conforme a sus propios deseos» (2 Timoteo 4:3). ¿Qué haría si las personas comenzaran a irse por enseñar la sana doctrina? Habríamos gastado millones de dólares en la construcción de un santuario medio vacío, nos atrasaríamos en los pagos ya que no contaríamos con suficientes donantes satisfechos y finalmente, ¡lo perderíamos todo!

La alternativa es peor: Podría predicar de manera muy política para así, atraer y retener a las masas. No quiero parecer dramático pero, prefiero morir. De verdad he orado que Dios me quite de esta tierra, antes de traer deshonra a su nombre, y eso incluye predicar para complacer a las multitudes en lugar de complacer a Dios mismo.

Esto resultaba difícil en Simi Valley, imagina en las grandes ciudades de nuestro país. ¿Alguna vez has tratado de adquirir un edificio de gran tamaño en una ciudad grande? Averigua el precio de un edificio con capacidad para mil personas en la ciudad de Nueva York; aún si pudieras recaudar todo el dinero para comprarlo, Nueva York tiene 8.537.673 de habitantes.[7] ¿Cuál es el plan para las otras 8.536.673 personas? Supongamos que el Señor desea salvar al diez porciento de los habitantes de la ciudad; aún si tuvieras miles de millones de dólares para gastar, ¿hay espacio para construir edificios con esa capacidad? ¡Por supuesto que no!

Mientras que, todos tienen una casa. Si es posible que una iglesia quepa en una casa, entonces tenemos un número infinito de posibles iglesias, no importa dónde nos encontremos. Tener iglesias pequeñas es nuestra mejor manera para crecer.

Si no consideramos la posibilidad de multiplicar iglesias pequeñas, entonces, hemos renunciado a las grandes ciudades. Debemos, al menos probar. Nuestro plan actual dicta que no esperamos que Dios alcance a más del uno por ciento de la población en las grandes ciudades. Debemos ser abiertos a nuevas formas de hacer las cosas. O podemos seguir promocionando un par de «mega iglesias» en las portadas de nuestras revistas cristianas y pretender que de esa forma estamos marcando una diferencia en nuestra cultura.

Todos sabemos que nuestro mundo está cambiando. Si construimos nuestro modelo actual de iglesia en una sociedad que ha cambiado significativamente, ¿por qué creemos que debemos hacer lo mismo de siempre? Insistir en nuestros modelos actuales, negándonos a ver la realidad, es lo mismo que tratar de comercializar video casetes en la era digital. Mi intención no es diluir la verdad o cambiar el evangelio, simplemente estoy pidiendo que reconsideremos el vehículo que utilizamos para entregar el evangelio y la verdad. Tampoco estoy diciendo que debemos modernizarnos con los tiempos sino que estoy haciendo un llamado para que volvamos a la Escritura y recuperemos lo que hemos perdido. Si sabemos que nos hemos desviado y andamos perdidos, ¿por qué no regresar y tomar el camino correcto?

$$$$$$$$$$

Una de las grandes ventajas de este método, es que no se necesita tener un presupuesto; puede ser completamente gratis. Las ofrendas se pueden destinar en su totalidad a las personas en situación de pobreza o a las misiones.

He visto, en encuestas que he estudiado, que en Estados Unidos a la iglesia le cuesta en promedio, $1.000 dólares al año, por asistente.[8] Eso, si divides el presupuesto anual de la iglesia (supongamos que es de $100.000 dólares), entre el número de miembros (digamos que son 100 personas), el resultado es $1.000 dólares por persona. Dependiendo de la ubicación, ese número puede disminuir o aumentar. Recientemente, traté de ayudar a una iglesia, donde el costo por miembro es de casi $3.000 dólares. ¡Saca las cuentas si llevara a mi familia de nueve miembros!

Reconozco que crecí pobre, así que, tengo el hábito de buscar siempre hacer las cosas al menor costo posible. Sé que, a veces, me voy al extremo, pero aún a la persona menos ahorradora le hará difícil comprender que, en China, la iglesia a la cual asisten cien millones de personas, es gratis, mientras que en nuestro sistema, a la iglesia cada miembro le cuesta $1.000 dólares.

Esto no se trata solamente de despilfarro de dinero, sino de sostenibilidad. Con cada recesión económica, más iglesias se cierran de manera definitiva. Con un simple cambio en el sistema de impuestos de los Estados Unidos, desaparecerían muchas iglesias. No es sabio defender una sola estructura que requiere de una economía robusta o de ciertos incentivos. Si una pérdida de riqueza globalizada puede eliminar, de la noche a la mañana, nuestras iglesias, ¿cómo afecta esto nuestro modelo?

No olvidemos que mientras lees esto, situaciones desgarradoras están sucediendo alrededor del mundo. Hay familias buscando desesperadamente agua potable para poder sobrevivir, gente muriendo de hambre, niños esclavizados o siendo violados. Todas estas son tragedias que la iglesia pudiera disminuir significativamente si estuviéramos dispuestos a adorar con más sencillez. La consideración económica es algo muy importante. La meta no es ahorrar dinero para ahorrar, sino para salvar vidas, literalmente.

SIN LUGAR DONDE ESCONDERSE

Otra gran ventaja de las reuniones pequeñas es que motivan a la gente más tímida a estar incluida, lo cual en una iglesia grande pasarían desapercibidos. Cuando la gente ve que no hay profesionales, son más aptos a participar y utilizar sus dones. Esto motiva un mayor nivel de inversión y contribución de los participantes a la iglesia, ya que no existe personal pagado proveyendo para sus necesidades.

Además en una reunión de miles de personas, sería imposible que todos los congregantes se conocieran de manera íntima. Un ambiente más pequeño otorga una mayor intimidad, y también hace posible que todos sean discipulados, que todos rindan cuentas, que oren unos por los otros por nombre y que vivan como familia durante la semana.

Lo que representaría un auténtico dolor de cabeza intentar en un modelo tradicional, se da de manera natural en este tipo de ambiente.

¿SERÁ HORA DE UN CAMBIO?

Desde sus inicios, la iglesia ha necesitado ser podada. Siempre hemos tenido necesidad de reformadores y reformas que se levantan con voz profética. La historia de la iglesia está llena de todo tipo de reformas, las cuales han acercado al pueblo a conocer las intenciones de Dios para su iglesia.

Después que el cristianismo se convirtió en la religión oficial de Roma con el emperador Constantino (300 AC), la iglesia se convirtió en un lugar de privilegio y prestigio. La gente compraba un lugar en el liderazgo de la iglesia ya que era la forma de ganar poder en la sociedad. Así que, Dios levantó a un grupo de monjes quienes buscaron a Dios de una manera sencilla y apasionada, y expusieron la maldad y avaricia de la iglesia.

En el siglo dieciséis, cuando la iglesia católica se desvió de tal forma que vendía el perdón de los pecados, y aseguraba que era necesario el esfuerzo humano para ganar la salvación, Dios levantó a Martín Lutero, quien formó parte de un grupo de reformadores, entre ellos John Wycliffe y Jan Hus, usados por Dios para hacer volver al pueblo al entendimiento de la gracia. Cuando la reforma se institucionalizó tanto, Dios levantó Anabaptistas para reformar a la iglesia ya reformada. A través de la historia, encontramos muchos movimientos reformadores: los Celtas, los Moravos, el avivamiento de la calle Azusa, el movimiento de Jesús. Prácticamente todas las denominaciones que tenemos hoy en día, comenzaron con un movimiento de reforma que tenía como propósito acercar a la iglesia al plan de Dios.

Una parte de mí que teme ser demasiado dramático al compararnos a los Moravos o a los Reformadores. Pero, ¡si ellos que fueron personas comunes pudieron! ¿Por qué no nosotros? Creo que esta generación puede acabar con la mentalidad consumista que hay en la iglesia y, reemplazarla con una actitud de servidores que prosperan sufriendo por causa de su nombre. No hay razón para no unirnos a aquellos que fueron antes de nosotros, y ser quienes restauran el enfoque misionero de la iglesia. ¿Qué otra cosa preferirías hacer?

No debería ser algo fuera de lo ordinario, severo o inapropiado, pedirle a la iglesia que cambie. Tampoco debemos pensar que nuestra forma de iglesia es la única que

Dios aprueba. En cambio, deberíamos buscar constantemente la renovación y estar preparados para dejar de lado cualquier elemento que pueda alejarnos del corazón de Dios.

Tal vez debemos hacer iglesiabnb, o tal vez no. Solo tú puedes contestar eso. Mi deseo es que consideres las diferentes formas de vivir la vida de iglesia, no de la manera tradicional. Mi objetivo es que puedas soñar, no a conformarte, y decirte que esa sensación que no te deja es Dios que desea para su iglesia algo más de lo que has experimentado.

A medida que caminamos por fe, aquí en San Francisco, vemos señales alentadoras de crecimiento. La gente rara vez habla del gran «sermón», a menudo se conversa sobre lo que descubrieron gracias a su lectura bíblica. La comunión por medio de la Palabra se ha vuelto muy común. Las personas pasan horas y hasta días a solas en la presencia de Cristo; disfrutan estar cerca de él. Las reuniones de oración se prolongan más de lo planeado y rara vez la gente está ansiosa por irse. Las familias han abierto sus hogares, regalan sus autos, sus posesiones y su dinero por amor. Es normal ver a profesionales entablando amistad con ex convictos. Personas que antes eran adictos viviendo en la calle, ahora son pastores fieles. Cuando nos reunimos, muchos vienen pidiendo oración por las personas a las que les compartieron el evangelio. Recientemente, vaciamos las cuentas de banco de la iglesia (hasta fotografiamos la imagen donde aparece la cuenta en cero). La intención es financiar el ministerio infantil en África, casi $300.000 dólares que ofrendaron personas que no tienen muchos recursos. Las personas sacrifican condiciones de vivienda más favorables para mudarse cerca de las zonas con más necesidad. Muchos están siendo calumniados y traicionados, sin embargo se gozan a pesar de ello. Actualmente, tenemos alrededor de cuarenta pastores que tienen empleos de tiempo completo, ellos son misioneros en sus propios trabajos y en sus tiempos libres, pastorean y capacitan. Tenemos muchos problemas, y también mucha vida.

Parece que estamos viendo, cada vez mejor, de lo que le agrada a Dios.

Esto me lleva al inicio de este libro; nunca había estado tan enamorado de Jesús o de la iglesia, como lo estoy ahora. La intimidad que he estado experimentando con Dios está directamente relacionada con mi conexión con la iglesia. Aún tenemos mucho camino por recorrer, pero puedo decir con toda honestidad, que mi experiencia con la iglesia ya no es tan drásticamente diferente de lo que leo en la Escritura, y la intención de Dios no es que esto sea la excepción; simplemente es el diseño original de la iglesia.

Al viajar, he visto a la iglesia de Dios multiplicarse y prosperar de manera que solamente imaginaba, pero ahora lo he estado experimentando de forma personal. Sin embargo, nunca lo hubiera experimentado si hubiera sucumbido ante la inercia poderosa, que me forzaba a doblegarme ante las expectativas de los demás.

¿ESTÁS SEGURO DE QUE FUNCIONARÁ?

Cuando converso con la gente sobre esto, siempre me preguntan: «¿Funcionará?» Ni siquiera sé a lo que se refieren con esa pregunta, Acaso quieren decir: ¿«Vendrá la gente»?, o, «¿Les va a gustar?», o, concretamente: «¿Crecerá tu iglesia?»

Realmente, estas no son las preguntas correctas que deberían hacer, porque Jesús nunca utilizó esos parámetros para medir el éxito.

Pablo le dijo a Timoteo que, enseñar la sana doctrina no iba a «funcionar»; de hecho, haría que la gente se apartara (2 Timoteo 4:1-5). Aún así, le ordenó predicar la verdad, porque ¡eso es lo que Dios quiere!

Recuerda que, no se trata de lo que yo quiera, o de lo que los demás quieran, o incluso, de lo que «funcione»; la iglesia es de Dios.

Habiendo dicho esto, creo que nos llevaríamos una sorpresa al ver que la gente es atraída a un grupo que se dedica a la presencia de Dios. Después de todo, esto fue suficiente para atraer a más de cien millones de personas a la iglesia clandestina en China. Puede ser que Dios esté esperando que un grupo de gente dejen de lado todo lo que piensan que funciona, y se dediquen a lo que él ordenó.

> *«No obstante, cuando el Hijo del Hombre*
> *venga, ¿hallará fe en la tierra?»*
>
> Lucas 18:8

HACIA DONDE GUÍE EL ESPÍRITU

Estoy seguro que, a estas alturas, hay muchas preguntas sin respuesta, y puede que eso sea algo bueno. Eres más que bienvenido a visitar nuestro sitio web (wearechurch.com) y obtener más información, tal vez eso no sea lo más conveniente ya que es más fácil copiar a otros, que buscar a Dios. Reitero, este capítulo no fue escrito a modo de receta que las iglesias deben seguir. Me pareció apropiado después de escribir el libro, compartir algunas de las cosas que hemos estado haciendo en San Francisco. Puede que esto sea lo que Dios quiere que implementes en tu contorno, pero no lo descubrirás si no oras diligentemente.

Espero que te niegues a tomar el camino más fácil. Su iglesia debe interesarte lo suficiente para ayunar y orar; necesitas creer que desempeñas un papel fundamental en la iglesia. Busca sabiduría y dirección de Dios, él te ha dado a su Espíritu para que conozcas y obedezcas su voluntad. No hay sustitutos para un creyente que se concentra en la oración. Nuestro país necesita iglesias que no se puedan explicar con un simple plan estratégico, y creo que en tu interior, anhelas que el Espíritu Santo se mueva a través de ti y haga mucho más de lo que puedas imaginar. Comienza a orar por eso desde ahora.

REFLEXIONES FINALES

Pronto verás a Dios y no hay forma de que pueda exagerar lo estremecido que estarás. El error más trágico que puedes cometer es subestimar lo vulnerable que te sentirás cuando veas su rostro; y las decisiones más sabias que puedes tomar en esta vida serán aquellas que tomes con esto en mente.

Toda mi vida he luchado con el deseo de que otros me respeten, y debido a esto, he tenido situaciones en los que me he acobardado por temor al rechazo; en esos momentos, quité mi mirada del futuro e hice lo que era más fácil. Me arrepiento profundamente de haberlo hecho.

La Biblia nos da numerosas historias acerca de hombres y mujeres de Dios que defendieron lo que era correcto, aún si eso significaba padecer dolor y rechazo. A menudo oro para pedir la gracia de Dios, que él me bendiga dándome el valor para poder seguir esos ejemplos. También he orado así por ti, de verdad lo he hecho.

««*Porque dentro de muy poco tiempo, el que ha de venir vendrá y no tardará. Mas mi justo vivirá por la fe; y si retrocede, mi alma no se complacerá en él*». Pero

nosotros no somos de los que retroceden para perdición,
sino de los que tienen fe para la preservación del alma».

Hebreos 10:37-39

Jesús viene pronto, conozco muy pocas personas que viven como si lo creyeran. Él dio advertencias muy fuertes y están escritas en el libro de Apocalipsis. Nadie ha dado jamás una advertencia tan fuerte, porque nadie más es capaz de cumplir las amenazas que él prometió. Por amor, Jesús dio serias advertencias acerca del día del Señor, para la iglesia. Una y otra vez podemos ver que, su mensaje fue: arrepiéntanse o habrá consecuencias. Luego, ocupó el resto del libro en explicar cuáles serán esas «consecuencias». Lo hizo, para que nadie ignorara sus mandamientos, pero aún así, lo hacemos. De alguna manera, nos hemos hecho inmunes a las advertencias del Dios todopoderoso.

Lo que más me asusta de sus cartas a las iglesias, es que, algunas de esas iglesias suenan más saludables que muchas que he visitado. Si a ellas, les dio advirtió tan severamente; me pregunto qué nos diría a nosotros, tomando en cuenta que a ellas les dijo:

«Arrepiéntete; si no…»

«Vendré a ti y quitaré tu candelabro de su lugar» (Apocalipsis 2:5).

«Vendré a ti pronto y pelearé contra ellos con la espada de mi boca» (v. 16).

«Los arrojaré en gran tribulación, si no se arrepienten de las obras de ella. Y a sus hijos mataré con pestilencia, y todas las iglesias sabrán que yo soy el que escudriña las mentes y los corazones, y os daré a cada uno según vuestras obras» (vv. 22-23).

«Vendré como ladrón, y no sabrás a qué hora vendré sobre ti» (3:3).

«Te vomitaré de mi boca» (v. 16).

Estas iglesias, a las que Jesús se dirigió, pudieran fácilmente confundir con cualquier iglesia de tu ciudad hoy. Incluso, algunas hasta podrían ser destacadas como ejemplares en cuanto al crecimiento. Es por esto que no podemos darnos el lujo de seguir ciegamente, o copiar a aquellas que son «exitosas». Debes someterte al liderazgo de personas llenas de Dios, o de lo contrario, convertirte tú en un líder.

Tampoco sigas a ciegas las cosas que he escrito, sino estudia las Escrituras. Fraterniza con la Biblia y con el Espíritu Santo, búscalo con todo tu corazón y rinde todo a sus pies, porque no podrás tomar lo que él te da si tienes los puños aferrándote a las cosas, incluso a la familia.

Sirve a su novia, Jesús viene pronto y no podemos ocuparnos en nuestros propios asuntos mientras que su novia yace enferma. Todos queremos ser hallados atendiéndola, quebrantados por la condición en la que se encuentra, dispuestos a sacrificar lo que sea por su bienestar.

Padre, gracias por elegirnos para ser parte de algo tan sagrado. Perdónanos por las ocasiones en las que nuestra pereza hizo que la iglesia se debilitara, y que nuestro orgullo causó que se dividiera. Danos fe como la de un niño, para poder ser de influencia en la iglesia por medio del poder del Espíritu Santo.

Que tu novia sea atractiva, devota y poderosa, más allá de toda explicación terrenal.

Que todos nosotros seamos, consumidos con ella, para tu gloria. Mantén nuestras mentes enfocadas en la batalla, que seamos valientes y humildes. Despierta a diario nuestro amor, para que podamos ser hallados sirviendo fielmente a tu novia cuando regreses a juzgar al mundo. Amén.

SOBREVIVIENDO LA ARROGANCIA

Fue un esfuerzo escribir este libro ya que, en las manos equivocadas, puede llegar a herir a la iglesia en lugar de ayudarla. Es difícil hablar con franqueza acerca de los problemas en la iglesia, porque hay personas que gravitan en torno a las críticas, y que, en vez de usar este libro como una autoevaluación, lo usarán para atacar a los demás. El orgullo corre desenfrenadamente dentro de la iglesia, y se incrementa con el conocimiento (1 Corintios 8:1). Me puedo imaginar a los arrogantes visitando la oficina de sus pastores para confrontarlos por todas las deficiencias en la iglesia. «¡Lea este libro de Francis Chan, él también opina lo mismo que yo, la iglesia necesita cambiar!» Esta actitud es lo que *menos* necesita la iglesia.

Muchos de ustedes están muy emocionados y apasionados por ver una reforma. Desean ver a la iglesia prospera, anhelan que Dios los use para promover el cambio. Pero a algunos no los usará; fracasarán de forma miserable sencillamente por falta de humildad. Él promete resistir todos tus esfuerzos (Santiago 4:6). En lugar de ser usados por Dios para edificar la iglesia, el enemigo los usará para destruirla.

«Dios resiste a los soberbios, y da gracia a los humildes».

Santiago 4:6

Siendo estas las últimas páginas de este libro, sentí la necesidad de dirigirme a los arrogantes, con la esperanza de evitarle a la iglesia una división futura. Pero, al comenzar a escribir, me di cuenta que, rara vez funciona. ¿Alguna vez has tratado de convencer a una persona orgullosa, de su orgullo? Ciertas personas leyendo esto son extremadamente orgullosos, sin embargo, no se dan cuenta, porque el orgullo los tiene ciegos. Leíste este párrafo y sacudiste la cabeza, como si estuviera hablando de alguien más. Sentí que era algo inútil, así que, decidí cambiar de estrategia; en vez de tratar de convencer al orgulloso, decidí escribir unas palabras de aliento para aquellos que viven teniendo que soportar a los orgullosos. Me supongo que se podría llamar: Una guía para el líder, amando al arrogante.

He tenido ocasiones en las que me he enojado y desanimado tanto debido a las críticas. Pero la iglesia no se beneficia de ninguna de estas cosas. Cada semana, conozco pastores que están listos para renunciar debido al peso de las criticas. La iglesia no puede darse el lujo de seguir perdiendo más servidores. Si alguna vez te has sentido así, te escribo para animarte para que, no solamente perseveres, sino que te levantes con más fuerza al ministrar a los orgullosos. Algunos, incluso, han dejado el liderazgo, y espero poder convencerlos de que regresen. Otros, han huido de su llamado pues se rehúsan a enfrentar los ataques. Es mucho más fácil esconderse en el sótano a escribir un *blog*, o *podcast* para criticar a los demás, pero quiero desafiarte, a que edifiques. Es mucho más sencillo derribar un edificio, que construirlo; es extenuante, pero la iglesia lo vale. La iglesia no tiene suficientes líderes que estén dispuestos a recibir todas las críticas y la culpa. Si nos humillamos y aprendemos a absorber todas las quejas con gentileza, entonces, los mejores días están por llegar.

Dios quiere que la iglesia sea una institución que ame la autoridad. Él desea que seamos diferentes; un grupo de personas que aman tener un rey y que están agradecidos por todos sus mandamientos. Él desea que consideremos a los líderes de la iglesia, como regalos para la misma, ya que él así los considera.

> *«Y él dio a algunos el ser apóstoles, a otros profetas,*
> *a otros evangelistas, a otros pastores y maestros, a fin*
> *de capacitar a los santos para la obra del ministerio,*
> *para la edificación del cuerpo de Cristo».*
>
> Efesios 4:11-12

Dios «proveyó» estos líderes a la iglesia para conducirla a su madurez. ¿Cuándo fue la última vez que oíste a alguien referirse a los líderes como regalos?

Recientemente escuché a alguien en la iglesia decir: «Me encanta estar bajo el liderazgo de los diáconos». ¡Fue tan anormal escuchar eso! ¿Alguien está agradecido por la autoridad? Me encantó escucharlo, sin embargo, les confieso que fue extraño. En nuestro mundo, rara vez escuchamos palabras de estímulo hacia la autoridad, pero esto mismo nos da la oportunidad de sobresalir al hacerlo.

Después de todo, seguimos a un rey que es tan diferente a cualquier otro en la historia. Él es un rey que voluntariamente se somete a su Padre. De hecho, Jesús dijo que, únicamente diría y haría lo que el Padre le dijera.

> *«Respondió entonces Jesús, y les dijo: De*
> *cierto, de cierto os digo: No puede el Hijo*

*hacer nada por sí mismo, sino lo que ve hacer
al Padre; porque todo lo que el Padre hace,
también lo hace el Hijo igualmente».*

Juan 5:19

*«Porque yo no he hablado por mi propia cuenta; el
Padre que me envió, él me dio mandamiento de lo
que he de decir, y lo que he de hablar. Y sé que su
mandamiento es vida eterna. Así pues, lo que yo
hablo, lo hablo como el Padre me lo ha dicho».*

Juan 12:49-50

En nuestra cultura, este tipo de sumisión, a menudo es considerada como débil y degradante, y aún así, es el ejemplo de Jesús todopoderoso. Él se sometió al liderazgo. Jesús solamente tenía alabanzas para su Padre. Sí, es inusual, pero este es nuestro ejemplo a seguir. Él fue un líder humilde *y* un seguidor humilde; mas no hubo debilidad alguna en su humildad. La iglesia sería tan atractiva si, en todos nosotros, pudiera verse su humildad.

Al compartir los siguientes principios, de ninguna manera digo que ya los haya dominado; todavía tiendo a enojarme, o a sentirme frustrado. Pero estos son los principios bíblicos que restauran mi mente, han contribuido al crecimiento de mi carácter, y espero que sean también de utilidad en tu vida. Sí, existe un modo de ministrar en humildad y gracia a las personas negativas; esto no asegurará el crecimiento en sus vidas, pero sí en la tuya.

CONSIDÉRALO COMO UN GOZO

«Tened por sumo gozo, hermanos míos, el que os halléis en diversas pruebas, sabiendo que la prueba de vuestra fe produce paciencia, y que la paciencia tenga su perfecto resultado, para que seáis perfectos y completos, sin que os falte nada».

Santiago 1:2-4

No puedes madurar completamente sin enfrentar los ataques. Sé que no está bien que estos ataques provengan de la misma iglesia; sin embargo, Dios usa esas situaciones para santificarnos. Todos necesitamos un Judas para poder parecernos a Jesús. Cuando todos los que te rodean te aman, es casi imposible desarrollar el carácter que Dios desea que tengan sus hijos. La gente razonable no ayuda a tu crecimiento de la misma manera que lo hace la gente arrogante. No demostramos el amor cristiano cuando amamos a los que nos aman; sino cuando amamos a los que nos ultrajan, es ahí cuando demostramos el amor de Cristo (Mateo 5:44). Alégrate en la santificación. Acepta el desafío a crecer al punto de vivir agradecido por las personas difíciles.

ESCUCHA CON HUMILDAD

Sólo porque se diga algo con la actitud equivocada, no significa que se trate de información incorrecta. Un error que con frecuencia he cometido, es responder con orgullo al orgullo. En ocasiones he tenido que morderme la lengua para permanecer en calma, porque, escucharlos hablar para discernir la verdad en lo que dicen, demanda otro nivel de humildad el cual ya no tenia.

La historia de David siempre me impresiona y entretiene:

«Entonces Abisai hijo de Sarvia dijo al rey: ¿Por qué ha
de maldecir este perro muerto a mi señor el rey? Déjame
que vaya ahora y le corte la cabeza. Pero el rey dijo:
¿Qué tengo yo que ver con vosotros, hijos de Sarvia? Si él
maldice, y si el SEÑOR le ha dicho: «Maldice a David»,
¿quién, pues, le dirá: «¿Por qué has hecho esto?» Y David
dijo a Abisai y a todos sus siervos: He aquí, mi hijo que
salió de mis entrañas busca mi vida; ¿cuánto más entonces
este benjamita? Dejadlo, que siga maldiciendo, porque
el SEÑOR se lo ha dicho. Quizá el SEÑOR mire mi
aflicción y me devuelva bien por su maldición de hoy.
Así pues, David y sus hombres siguieron su camino; y
Simei iba por el lado del monte paralelo a él, y mientras
iba lo maldecía, le tiraba piedras y le arrojaba polvo».

2 Samuel 16:9-13

Imagina al Rey David marchando con su ejército, cuando, un bufón se acerca, arrojando piedras y maldiciéndolo. Cuando uno de los soldados le pregunta a David si le puede cortar la cabeza a aquel hombre, David le contesta que lo deje en paz. ¿Su lógica? David estaba abierto a la posibilidad de que ese hombre ¡fuera un enviado de Dios! Así que, soportó pacientemente sus maldiciones, en caso de que en verdad se tratara de un mensaje de parte de Dios.

Para ser honesto, casi nunca escucho a las personas orgullosas. Normalmente me pongo a la defensiva, de lo contrario opto por el sarcasmo. Sin embargo, se han presentado ocasiones en las que he agradecido la crítica irracional, porque ésta me ha mostrado mi pecado. Es impresionante lo rápido que la humildad puede disipar una situación tensa. Esto no significa que debemos consentir las criticas motivadas por el odio. Pero, como líderes, es necesario dar el ejemplo de humildad, y evitar caer en la trampa de la hipocresía, ya que, eso solamente empeorará la situación.

PERDÓNALOS, PUES NO SABEN LO QUE HACEN

En Romanos 11, Dios advirtió a los gentiles que no se enorgullecieran porque ellos comprendían quién era Dios de una manera que muchos judíos no podían. Pablo les recordó que por la gracia de Dios sus ojos habían sido abiertos.

Mientras que, él mismo decía que a unos judíos «Dios les dio un espíritu de estupor, ojos con que no ven y oídos con que no oyen, hasta el día de hoy» (v. 8). El punto aquí es que el conocimiento espiritual es dado por Dios de tal forma que no tiene sentido jactarse.

Piénsalo de esta forma: si le compro un Ferrari nuevo a mi hijo (lo cual nunca pasará), seria absurdo que él se atreviera a criticar a sus amigos que van al colegio en bicicleta. Mi hijo debería tener la sabiduría suficiente para saber que es un niño consentido, y que no hizo absolutamente nada para ganarse ese auto, sino que fue un regalo y no tiene nada de que jactarse. De la misma manera, si tienes tan solo un gramo de humildad en ti, es únicamente por la gracia de Dios; él te bendijo con eso. Si creemos esto, entonces no tiene sentido enojarnos con los demás porque no han recibido la misma gracia que nosotros. Agradece a Dios por la sabiduría, el entendimiento y la humildad que le ha placido darte. Perdona rápidamente a los que te han herido y ora para que Dios por su gracia, les abra los ojos.

CELEBRANDO CON LA GENTE ORGULLOSA

«Así que, los que somos fuertes debemos soportar las flaquezas de los débiles, y no agradarnos a nosotros mismos. Cada uno de nosotros agrade a su prójimo en

lo que es bueno, para edificación. Porque ni aun Cristo se agradó a sí mismo; antes bien, como está escrito: Los vituperios de los que te vituperaban, cayeron sobre mí».

Romanos 15:1-3

Pasé muchos años de mi vida descartando a la gente. En mi inmadurez, no sabía cómo amar a aquellos que me irritaban, así que, era más fácil evitarlos. Encontré formas de justificar mis acciones, pero, a final de cuentas, esto desagradaba a Dios. Él demanda que «soportemos las flaquezas de los débiles» (v. 1), esta es nuestra obligación. Todos tendemos a evitar a la gente arrogante porque *nos* irritan; pero la respuesta de Dios es que no debemos pensar en nosotros. Él nos instruye a «no agradarnos a nosotros mismos» (v. 1). Tal vez hay personas que han herido nuestros sentimientos, pero debemos valorar más la iglesia de Dios que nuestros sentimientos. Corremos el riesgo de causar un gran daño a la iglesia si intentamos hacer valer nuestros sentimientos más que honrar a la novia.

Estoy seguro que tienes personas en tu vida las cuales te gustaría que desaparecieran. Tal vez has tenido que orar y pedirle a Dios que retire ciertos individuos de la iglesia. Vivir con personas orgullosas es difícil, pero evitarlas no es una opción. Nuestra obligación es amarlos y sufrir el «reproche», así como Cristo lo hizo por nosotros.

«Por lo tanto, Jehová esperará para tener
piedad de vosotros, y por tanto, será exaltado
teniendo de vosotros misericordia».

Isaías 30:18

A pesar de que los israelitas fallaban repetidamente, se rebelaban y despreciaban la bondad de Dios, él los amaba lo suficiente para *esperar* y tener piedad de ellos. A diferencia de nosotros, Dios es un rey perfectamente santo, quien nunca comete errores. ¿Cuánto más debemos nosotros, como humanos, soportar y mostrar compasión ante las flaquezas de los demás?

NO TOLERES LA DESUNIÓN

Estamos llamados a amar a los orgullosos, pero hay que poner limites. Una vez que comienzan a murmurar o hablar negativamente del liderazgo, o de los miembros de la iglesia, las reglas cambian.

«Al hombre que cause divisiones, después de la primera
y segunda amonestación, deséchalo, sabiendo que el tal
es perverso y peca, habiéndose condenado a sí mismo».

Tito 3:10-11

Rara vez veo que las iglesias toman con seriedad este mandamiento. La iglesia sería mucho más saludable si lo hiciéramos. La gente orgullosa es propensa a murmurar, y es entonces cuando cruzan el límite puesto por Dios mismo. Es impresionante la rapidez con la que una persona conflictiva divide una iglesia, y muchas iglesias han sido destruidas porque sus líderes no han sido capaces de confrontar y remover a la gente belicosa. La Escritura claramente declara que, después de un par de advertencias, los «desechemos» (v. 10). No es que los estemos condenando, porque el pasaje manifiesta que «se condenan a sí mismos», lo cual quiere decir que ellos mismos lo hacen. Si nos negamos a remover a tales personas, seremos hallados culpables de desobedecer la Escritura.

Muchos consideran aborrecible remover a alguien de la iglesia, y, en nombre de la compasión, de rehúsan a obedecer la Escritura (Mateo 18:15-20; 1 Corintios 5; Tito 3:10-11). Por favor, no te engañes, esto no es compasión; es rebelión. Al permitir que las personas conflictivas se queden en la iglesia, no solamente dejamos de tratarla como sagrada sino que además permitimos que un ser humano divida la santa iglesia de Dios. Esto Dios lo aborrece esto.

Unas paginas antes en el libro, escribí acerca de cuando David honró a Saúl debido a su posición. Pero, ¿te has fijado en las acciones de Absalón, el hijo de David? Lee, en el libro de 2 Samuel capítulo 15. El espíritu y la actitud de Absalón prevalecen hoy en la iglesia.

«Y Absalón se levantaba temprano y se situaba junto
al camino de la puerta; y sucedía que todo aquel que
tenía un pleito y venía al rey para juicio, Absalón lo
llamaba y decía: ¿De qué ciudad eres? Y éste respondía:
Tu siervo es de una de las tribus de Israel. Entonces
Absalón le decía: Mira, tu causa es buena y justa, pero
nadie te va a escuchar de parte del rey. Decía además
Absalón: ¡Quién me nombrara juez en la tierra! Entonces
todo hombre que tuviera pleito o causa alguna podría
venir a mí y yo le haría justicia. Y sucedía que cuando
alguno se acercaba y se postraba ante él, él extendía su
mano, lo levantaba y lo besaba. De esta manera Absalón
trataba a todo israelita que venía al rey para juicio;
así Absalón robó el corazón de los hombres de Israel».

2 Samuel 15:2-6

¿Te das cuenta como Absalón de una forma tan sutil habló negativamente del liderazgo de David? Con toda calma expresó que si él estuviera en posición de autoridad todo seria diferente. Al hacer esto, «robó el corazón de los hombres de Israel» (v. 6). En cada iglesia existen personas, con el espíritu y carácter de Absalón, buscando ganar simpatizantes por medio de discursos y coloquios sutiles. Estas personas te convencen para que dudes del liderazgo, y hablan de lo que ellos harían de forma diferente. Así como Absalón, hablan con empatía para ocultar sus malas intenciones. No caigas en la trampa. Ya hay muchas personas equivocadas que se jactan de ser compasivos porque se disponen a escuchar las quejas y los lamentos de los demás sin amonestarlos. Si tú eres una de esas personas, entiende que esto no es un don; es una debilidad. Gente como tú, que escucha pasivamente los chismes y murmuraciones en lugar de confrontarlos, son los que permiten que existan personas como Absalón en este mundo, que dividen iglesias enteras. Necesitas tomar valor, no le permitas a nadie dividir la santa iglesia de Dios, o difamar a sus líderes ungidos. Si escuchas a alguien hablar negativamente acerca de otro creyente, confróntalos directamente con la persona a quien están atacando. Sé valiente para guiar a las personas a la reconciliación. «Bienaventurados los que procuran la paz» (Mateo 5:9).

NO TE DEJES ENGAÑAR POR LAS LÁGRIMAS

Déjame decir que no estoy tratando de aminorar a quienes han sido lastimados por una iglesia o por sus líderes. Escribí este libro para señalar las carencias que tiene la iglesia. No trato de hacer a un lado a quienes han sufrido abuso por parte de otros. Te estoy pidiendo que tengas en cuenta que en la iglesia, hay personas muy hábiles haciendo el papel de víctimas. Generalmente el orgullo es la raíz de estas victimas profesionales. Han aprendido que, casi siempre, las lágrimas les aseguran la victoria. Si al principio no lo logran, lloran una y otra vez, porque, el llanto los convierte en víctimas. Esto significa que, la persona que te provocó las lágrimas, debe ser el malo. Las lágrimas son un arma poderosa.

Aun recuerdo la primera vez que tuve que manejar una situación parecida. Hace veinte años, me encontraba predicando en un congreso para solteros, al termino del mensaje, un grupo de personas se acercó a hablar conmigo; unos venían buscando un consejo, otros venían con palabras de aliento. De una manera muy casual una joven me estaba contando acerca del pecado en su vida. Al explicarle la seriedad del pecado, y animarla para arrepentirse, ella cayó al suelo, tomó posición fetal y comenzó a llorar inconsolablemente, temblando y diciendo: «¡Me estás asustando, no me siento segura!». Fue una victoria instantánea; había logrado que todos se voltearan a mirarme como si yo fuera malo. Ahora, me correspondía disculparme por haberla lastimado. La atención ya no estaba en su pecado, sino en su herida; de pronto, yo me había convertido en el pecador y ella en la víctima. ¡Jaque mate! Al no disculparme y consentirla, pasé a ser un villano, y ahora ella puede ir a otros, utilizando la misma estrategia y con lágrimas contar a otros cuanto la lastimé.

Obviamente, muchas lágrimas son genuinas y demandan consuelo. Definitivamente no queremos ser insensibles a las heridas de los demás. Pero, así como los padres, debemos aprender a distinguir el llanto verdadero, del llanto manipulador y del llanto para llamar la atención. Tu espíritu compasivo se verá tentado a consolar a todo el que llora, sin embargo, no es lo mejor que puedes hacer por ellos. El apóstol Pablo no lamentó provocar lágrimas; de hecho, él explicaba que, la aflicción es algo bueno. Debido a que amaba a los corintios, Pablo los contristó, con la esperanza que se arrepintieran.

«Porque si bien os causé tristeza con mi carta, no me pesa; aun cuando me pesó, pues veo que esa carta os causó tristeza, aunque sólo por poco tiempo; pero ahora me regocijo, no de que fuisteis entristecidos, sino de que fuisteis entristecidos para arrepentimiento; porque fuisteis entristecidos conforme a la voluntad de Dios, para que no sufrierais pérdida alguna de parte nuestra. Porque la tristeza que es conforme a la voluntad de Dios produce un arrepentimiento que conduce a la salvación, sin dejar pesar; pero la tristeza del mundo produce muerte».

2 Corintios 7:8-10

Amemos suficientemente a las personas para ayudarlas a superar la actitud de victima, ayudándolas a vivir con la atención puesta en Dios y no en sus propios sentimientos.

NO TE OBSESIONES

«Por lo demás, hermanos, todo lo que es verdadero,
todo lo digno, todo lo justo, todo lo puro, todo lo
amable, tono lo honorable, si hay alguna virtud
o algo que merece elogio, en esto meditad».

Filipenses 4:8

Uno de los más grandes errores que cometemos es permitir que las personas orgullosas ocupen nuestros pensamientos. Le permitimos a nuestra mente revivir las ocasiones en las que nos han ofendido. Esto nos roba el gozo, y le roba a Dios toda la adoración que él merece.

En el libro de Efesios capítulo 5 encontramos que, la persona que está llena del Espíritu continuamente adora y da gracias. Satanás aborrece el sonido de nuestra alabanza y gratitud, así que está determinado a interrumpir esa alabanza. A él le encanta cuando nuestras mentes se llenan de frustración y desánimo, en lugar de estar llenas de adoración. No le des la victoria, controla tus pensamientos.

ALABA A JESÚS

Cuando siento que he sido maltratado, comienzo a adorar a Jesús, le digo lo maravillado que estoy por lo que él ha logrado, y esto ha sido de mucha ayuda para mí. Comparado con las

241

afrentas horrorosas que Cristo padeció, los maltratos que he recibido son nada. No me explico cómo fue que el Creador del mundo permitió que su propia creación lo torturara. Aún al escribir esto me siento asombrado con su humildad. En lugar de mortificarme por mi falta de humildad, adoro a Jesús por su humildad.

He aprendido que, entre más contemplo la humildad de Jesús, más me dan ganas de adorarlo y quiero parecerme a él. Toma ahora un momento para adorar a Jesús, «el autor y consumador de la fe, quien por el gozo puesto delante de él soportó la cruz, menospreciando la vergüenza, y se ha sentado a la diestra del trono de Dios» (Hebreos 12:2).

SÉ SIEMPRE UN GANADOR

Soy muy competitivo. A veces, querer ganar una conversación me consume. El amor pasa a segundo plano cuando me obsesiono con probar que tengo la razón. No me gusta ser así, porque cuando me obsesiona ganar, significa que Jesús ya no es mi obsesión. Así que, he tratado de cambiar mi modo de pensar.

Tal vez haya una solución beneficiosa para todos los que hemos peleado con nuestra naturaleza sumamente competitiva. Después de todo, hay un versículo que nos dice que compitamos: «en cuanto a honra, prefiriéndoos los unos a los otros» (Romanos 12:10). Sólo que, nuestra competitividad debe ser diferente; y nuestra mejor victoria es cuando nos ganamos el favor de Dios. Obviamente no estoy hablando de hacer obras para obtener salvación, hay muchos versículos que hablan de la bendición de Dios para el humilde. Mientras que la humildad es un don, esta no aparece de manera pasiva; él nos ordena que nos humillemos. Oramos por la humildad y nos esforzamos por obtenerla. Uno de mis versículos preferidos que me incentiva a buscar la humildad dice:

«Porque así dijo el Alto y Sublime, el que habita la
eternidad, y cuyo nombre es el Santo: Yo habito en la
altura y la santidad, y con el quebrantado y humilde
de espíritu, para hacer vivir el espíritu de los humildes,
y para vivificar el corazón de los quebrantados».

Isaías 57:15

Este es el final del libro, así que, tienes tiempo para leer el versículo una y otra vez. No conozco un mejor versículo para terminar esta sección. Memorízalo, escríbelo, píntalo en un muro, envíalo por texto a tus amigos, medita en cada una de las palabras. Si esto no te motiva a luchar por tener humildad, entonces nada lo hará. Nuestro Santo Dios habitará en ti, si tienes un espíritu contrito y humillado.

CITAS

NOTA: Las referencias enumeradas en el libro son adaptación libre al español tomadas de los recursos en inglés detallados más abajo.

CAPÍTULO 2

1. Tim Sharp, "How Far Is Earth from the Sun?," Space.com, 18 de octubre, 2017, www.space.com/17081-how-far-is-earth-from-the-sun .html.

CAPÍTULO 3

1. "Religious Service Attendance (Over Time)," Association of Religion Data Archives, accesados el 23 de mayo, 2018, www.thearda.com /quickstats /qs_105_t.asp.

2. Søren Kierkegaard, *Provocations: Spiritual Writings* (Walden, NY: Plough, 2002), 168.

3. Alan Hirsch, *The Forgotten Ways: Reactivating Apostolic Movements* (Grand Rapids, MI: Brazos, 2016), 34–35.

4. Mike Breen, *Building a Discipling Culture: How to Release a Missional Movement by Discipling People Like Jesus Did*, 3rd ed. (Greenville, SC: 3DM Publishing, 2017), n.p.

5. David Platt, *Radical Together: Unleashing the People of God for the Purpose of God* (Colorado Springs: Multnomah, 2011), 59–60.

CAPÍTULO 5

1. Mike Breen, *Building a Discipling Culture: How to Release a Missional Movement by Discipling People Like Jesus Did*, 3rd ed. (Greenville, SC: 3DM Publishing, 2011), 11.

2. A. W. Tozer, *Tozer for the Christian Leader: A 365-Day Devotional* (Chicago: Moody, 2001), 2 de septiembre.

CAPÍTULO 6

1. Hugh Halter, *Flesh: Bringing the Incarnation Down to Earth* (Colorado Springs: David C Cook, 2014), 119.

CAPÍTULO 7

1. John Collins, "Anything Is Possible," Ironman, accesado el 24 de mayo, 2018, www.ironman.com/#axzz5GSFlau30.

2. "Evangelical Growth," Operation World, accesado el 24 de mayo, 2018, www.operationworld.org/hidden/evangelical-growth.

CAPÍTULO 8

1. *Madagascar*, dirigida por Eric Darnell y Tom McGrath (Glendale, CA: DreamWorks Animation, 2005).

2. Alan Hirsch, *The Forgotten Ways: Reactivating Apostolic Movements* (Grand Rapids, MI: Brazos, 2016), 176.

3. David Garrison, "Church Planting Movements: The Next Wave?," *International Journal of Frontier Missions* 21, no. 3 (Otoño 2004): 120–21.

CAPÍTULO 9

1. Tim Chester and Steve Timmis, *Total Church: A Radical Reshaping around Gospel and Community* (Wheaton, IL: Crossway, 2008), 18.

2. *Read Scripture*, v.7.0.0 (Crazy Love Ministries, 2018), readscripture.org.

3. Reach Beyond, *Great Commission Action Guide*, accessed May 25, 2018, https://reachbeyond.org/Advocate/RBActionGuide.pdf.

4. "25 Best Global Companies to Work For," Fortune, accesado el 25 mayo, 2018, http://fortune.com/global-best-companies/hyatt-19/.

5. "How Many Employees Does Airbnb Have?," Quora, 14 de noviembre, 2015, www.quora.com/How-many-employees-does-Airbnb-have-1.

6. Avery Hartmans, "Airbnb Now Has More Listings Worldwide Than the Top Five Hotel Brands Combined," Business Insider, August 10, 2017, www.businessinsider.com/airbnb-total-worldwide-listings-2017-8.

7. "New York City, New York Population 2018," World Population Review, accesado el 25 de mayo, 2018, http://worldpopulationreview.com /us-cities/new-york-city-population/.

8. Lyle E. Schaller, *The Interventionist* (Nashville: Abingdon, 1997), 70.

For your church.
For your small group.
For you.

Discover why so many others have been impacted by the
challenging message of Francis Chan.

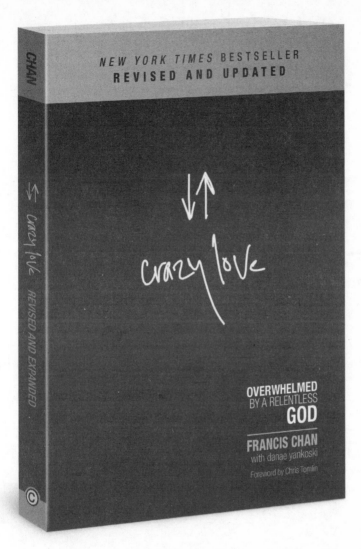

Propiedad de:
Johnny y Soravel Llanos